WANGLUO XINXI JIAGOU YU TUBIAO CHUANGYI

网络信息架构与图标创意

主　编　邝家瑞

副主编　肖必莉　毛琬月　汪　洋

参　编　彭翔宇　王菁菁　李　崑

重庆大学出版社

内容提要

习近平总书记准确把握人类社会正在经历信息革命的时代大势,也为职业院校网络新闻传播专业的课程设计提出了新的要求。在当今信息化时代,无论是网站、APP、还是各种数字化产品,都需要经过精心的信息架构和图标创意,才能够更好地满足用户的需求和提升用户体验。本书旨在通过理论知识和实践案例的结合,帮助学生深入了解网络信息架构和图标创意的基本概念、创意原则和实践技巧。了解"以用户为中心"的信息架构与图标创意规律,提高读者在工作实践中的运用能力。

图书在版编目(CIP)数据

网络信息架构与图标创意/邝家瑞主编. -- 重庆:
重庆大学出版社,2023.7
ISBN 978-7-5689-4065-8

Ⅰ.①网… Ⅱ.①邝… Ⅲ.①网络教育—教育研究
Ⅳ.①G434

中国国家版本馆 CIP 数据核字(2023)第 129074 号

网络信息架构与图标创意

主 编 邝家瑞
副主编 肖必莉 毛琬月 汪 洋
责任编辑:秦旖旎 版式设计:秦旖旎
责任校对:谢 芳 责任印制:张 策
*
重庆大学出版社出版发行
出版人:饶帮华
社址:重庆市沙坪坝区大学城西路 21 号
邮编:401331
电话:(023)88617190 88617185(中小学)
传真:(023)88617186 88617166
网址:http://www.cqup.com.cn
邮箱:fxk@cqup.com.cn(营销中心)
重庆愚人科技有限公司印刷
*
开本:787mm×1092mm 1/16 印张:10.5 字数:258 千
2023 年 7 月第 1 版 2023 年 7 月第 1 次印刷
印数:1—1 000
ISBN 978-7-5689-4065-8 定价:49.00 元

前 言

　　自党的十八届五中全会通过的《"十三五"规划建议》首次明确提出实施网络强国战略以来，经过多年的努力奋斗，我国网络强国建设取得了举世瞩目的成就。党的二十大报告对加快建设网络强国、数字中国作出了重要部署。从总体上看，要站在统筹中华民族伟大复兴战略全局和世界百年未有之大变局的高度，统筹国内国际两个大局、发展安全两件大事，以网络强国建设助力中国式现代化。

　　习近平总书记深刻阐述了互联网建设的时代要求。当前，中华民族伟大复兴战略全局、世界百年未有之大变局与信息革命时代潮流发生历史性交汇，新一轮科技革命和产业变革深入发展。习近平总书记准确把握人类社会正在经历信息革命的时代大势，也为职业院校网络新闻传播专业的课程设计提出了新的要求。

　　"网络信息架构与图标创意"是高职院校网络新闻与传播专业的核心课程之一，在当今数字化时代，网络信息架构和图标创意已经成为了各行各业中不可或缺的一部分。无论是网站、App，还是各种数字化产品，都需要经过精心的信息架构和图标创意，才能够更好地满足用户的需求和提升用户的体验。

　　在移动互联网时代，以用户为中心的理念成为共识，但是如何在功能与需求、架构与图标创意之间达成完美的平衡，是高职学生在学习本门课程中的一大难点，本书旨在通过理论知识和实践案例的结合，帮助学生深入了解网络信息架构和图标创意的基本概念、创意原则和实践技巧。本书内容丰富、实用性强，旨在为学生提供全面的网络信息架构和图标创意知识，帮助学生在未来的职业生涯中更好地应对数字化时代的挑战。

本书着力于通过对信息架构和图标创意的对立统一关系进行梳理，帮助读者掌握信息架构与图标创意的整体性原则，了解"以用户为中心"的信息架构与图标创意规律，提高读者在工作实践中的运用能力。通过本书的学习，学生们将能够掌握网络信息架构和图标创意的核心技能，为未来的职业发展打下坚实的基础。我们希望本书能够成为学生们的良师益友，为他们的学习和成长提供有力的支持和帮助。

本书由重庆工商职业学院邝家瑞主编，负责全书的统筹及撰写，肖必莉、毛琬月、汪洋担任副主编（具体分工：能力模块一由邝家瑞主要编写；能力模块二由肖必莉主要编写；能力模块三由毛琬月、汪洋主要编写），彭翔宇、王菁菁、李崑参编，陈芸（重庆华龙网集团有限公司）任企业顾问。

本书在编写过程中得到了多方大力支持，引用了不少优秀图片资料，部分作者姓名不详，无法查实，在此深表歉意，并衷心感谢！我们也在努力学习中，真诚希望各位读者提出意见和建议，这将有助于改进和完善这本书。

编 者
2023 年 3 月

目 录

能力模块一 网络信息架构创设

项目一 架构网络信息知识框架

课程简介

【项目综述】

随着互联网的迅速发展,网络知识的生产和构建,以网络知识为基础传播的各种功能已经成为职业教育的重点。学习创建网络结构的相关知识和技能是学习创建图标和网络结构的第一步。

【项目目标】

通过本项目的学习,应达到的具体目标如下:

(1)知识目标

◇了解网络信息的传播概念

◇了解网络信息的重要内容

◇了解网络信息的传播特点

(2)技能目标

◇根据已有信息进行网站信息框架的架构

(3)思政和素养目标

◇正确看待网络信息传播

◇理性看待各式网络信息

◇锻炼小组成员合作能力

【项目思维导图】

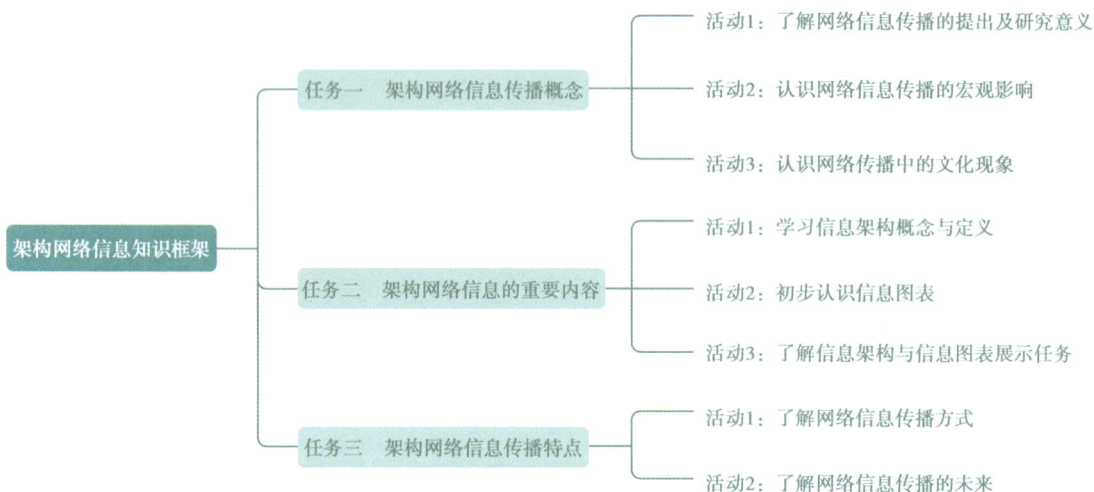

```
                                                    ┌─ 活动1：了解网络信息传播的提出及研究意义
                              ┌─ 任务一  架构网络信息传播概念 ─┼─ 活动2：认识网络信息传播的宏观影响
                              │                         └─ 活动3：认识网络传播中的文化现象
                              │
                              │                         ┌─ 活动1：学习信息架构概念与定义
架构网络信息知识框架 ──────────┼─ 任务二  架构网络信息的重要内容 ─┼─ 活动2：初步认识信息图表
                              │                         └─ 活动3：了解信息架构与信息图表展示任务
                              │
                              │                         ┌─ 活动1：了解网络信息传播方式
                              └─ 任务三  架构网络信息传播特点 ─┴─ 活动2：了解网络信息传播的未来
```

任务一 架构网络信息传播概念

架构网络信息传播概念

【情境设计】

随着信息技术和网络的发展,有关新媒体传播的各种功能和证书的研究已经成为业界的热点问题。网络信息架构和图标创意已经成为热门课程。小丁是传媒界的新人,希望获得新媒体证书。于是他开始学习网络信息传播的相关知识,希望对网络信息架构和图标创意相关的网络媒体知识和功能有更全面的了解。

【任务分解】

了解网络信息传播的提出及研究意义,认识网络信息传播的宏观影响,认识网络传播中的文化现象。

活动1：了解网络信息传播的提出及研究意义

【活动背景】

想要更加全面地了解网络信息架构与图标创意相关的网络媒体知识与技能,需要通过课程学习来对基础知识进行全面学习,为今后学习技能打下基础。

【课前引入】

在回答什么是网络传播之前,首先需要了解什么是传播。请同学们发表自己的看法。

【知识窗】

1.基本概念

（1）何为传播

许多学者对于传播作过种种描述和解释,有的把它说成是"信息共享",有的把它说成是"劝服影响",也有的把它说成是"刺激反应",还有人认为,传播是人类传递或交流信息的社会性行为,等等。

郭庆光教授在其著作《传播学教程》中认为:"所谓传播,即社会信息的传递或社会信息系统的运行。"

（2）何为网络传播

一些科学家认为,网络通信是20世纪90年代在通信领域出现的一个新术语,是不同于报纸、广播、电视三大传播媒体的新的传播途径和方式,是以多媒体、网络、数字技术为核心的国际互联网,是现代信息革命的产物。

中国现代传媒委员会常务副主任锡兰对网络传播的定义是,以全球大众信息为背景,以大众参与者为对象,参与者也是信息的接受者和发布者,可以随时反馈信息。

网络通信是指通过计算机网络传播人类信息（包括新闻事件、知识及其他信息）。网络传播中的信息以数字形式存储在光、磁及其他存储介质中,通过计算机网络高速传输,计算机或类似设备读取和使用。网络通信以计算机通信网络为基础,通过信息传递、通信和使用,达到社会和文化交流的目的。网络通信的读者数量很大,可以实现高速传输。

2.网络传播的特点

网络传播具有全球性、交互性、超文本链接方式传播的特点。

【活动实施】

请简要概述网络信息传播的概念与特点,并结合实际例子说明。

活动2：认识网络信息传播的宏观影响

【活动背景】

通过前期研究，小丁同学认识到了网络信息传播的特点。在深入研究的路上，他的下一站是了解网络信息传播的影响。只有这样，他才能更准确地认识网络传播中的文化现象，以客观的态度理解网络信息，成为真正合格的新闻工作者。

【课前引入】

事实上，同学们在获取某项信息时便是在参与信息传播的过程，例如通过网络获取热点新闻、与同学老师交谈等都属于信息传播，请小组讨论你认为常见的信息传播方式。

【知识窗】

1. 传播学的四个层次

①人的内向传播。如自言自语、触景生情、自我进行信息交流等。
②人际传播。即个人与个人之间的符号交流行为。
③组织传播。即团体成员之间或团体之间的符号交流行为。
④大众传播。即以印刷或电子产品为媒介，有目的地面向许多人的符号交流行为。对大众传播的研究于20世纪30年代发轫于美国，第二次世界大战后传到西欧和日本，并逐渐为世界上许多国家所重视。联合国教科文组织专门设立了国际传播问题研究委员会，定期交流各国学者对传播学的研究成果。

2. 网络传播的宏观影响

网络通信是以网络为基础的双向信息通信。网络传播学研究人类的网络传播活动。信息作为人际网络通信的内容，可以减少或消除不确定性。

网络传播的出现极大地改变了信息的传播方式，影响了人们对知识的组织、转移和获取，对文化和政府政策产生了深远的影响。通信作为产生、积累、获取联系信息的中心环节，起着连接作用。

网络通信作为信息交流和传播的重要途径，使信息的大规模传播、吸收和利用成为可能。网络通信在信息流通过程中发挥着重要的作用，信息技术和资源的变化将对信息流通方式产生深远的影响。

【活动实施】

小组讨论网络信息传播的利与弊，并结合实际案例发表自己的观点。

活动3：认识网络传播中的文化现象

【活动背景】

网络文化是继大众文化之后的一种文化现象，但不是大众文化这样的文化概念，比较这两者是不合适的。来自同一文化群体的人可能有不同的思想，属于不同的文化层次。同一文化水平的人有不同的思想，属于不同的文化群体。具有特定意识形态的人也属于不同的文化群体，具有不同的文化水平。我们应该如何认识网络传播中的文化现象？请帮助小丁回答他的问题。

【课前引入】

与传统媒体一样，网络媒体应该针对尽可能多的读者，吸引更多的广告商，增加广告量。读者越多，广告收入越高。世界各地的大众媒体在过去的一两年里在网上大规模发展，在线广告也处于初期阶段。但网络广告收入每年翻一番的发展趋势引发了传统媒体的恐慌。随着网络媒体的兴起，来自网络广告的竞争将越来越激烈。说说你对网络传播文化的看法。

【知识窗】

1.关于网络传播文化

所谓网络传播文化，主要是指传统大众传播媒介在新的大众传播时代形成的变化面貌，在网络上开展大规模信息传播活动的文化现象。也可以说是网络大众文化，之所以提到它，是因为它与大众传播时代的工业大众文化没有本质区别。两者都以商业为原则。

2.网络文化的商业性运作

传统媒体竞争进入互联网主要受经济利益驱动，各种网络媒体也利用商业原则指导其运营。无论网络上不同媒体提供的信息是否需要付费，在线广告收入都是主要的运营收入，也是维持在线运营的条件。网络媒体日益商业化，导致网络媒体文化商业化。此外，它还具有大众化、标准化、无风格化的特点。

【活动实施】

小组讨论网站怎样才能建成传播先进文化的阵地。

任务二　架构网络信息的重要内容

架构网络信息的重要内容

【情境设计】

在学习了上一章的任务后,小丁同学正式进入了网络信息架构和图标创意课程的大门。但与整个过程要学习的内容相比,现在学的只是皮毛。本任务讨论在网络信息结构中应该学习哪些知识,怎样学习知识和技能,怎样获得所需的证书。

【任务分解】

学习信息架构概念与定义、初步认识信息图表、了解信息架构与信息图表展示任务。

活动1:学习信息架构概念与定义

【活动背景】

互联网时代,信息具有多元化和复杂性的特点,在庞杂的信息网络中找到自己所需的内容,离不开信息架构对于信息网络结构的统筹,这也是学习网络信息架构必须要了解的知识。

【课前引入】

当你浏览一个网站时,所进行的过程是怎样的?

【知识窗】

信息架构是指对特定内容中的信息进行总体规划、统筹、设计和组织。简而言之,信息体系架构是一种"工具",将"人"和"人们想获得的信息"联系在一起。当产品或系统的信息体系结构得到充分完善时,信息体系结构中的信息也可以更加清晰地显示出来,信息收集过程更加容易。

当理解信息结构的概念时,我们可以从多个层面开始。一方面,可以将信息体系结构视为分类"信息"的"框架";另一方面,也可以将信息结构视为连接"信息"的"桥梁"。信息结构的存在有效地规划和协调了网络时代的复杂信息,使用户更容易获取和理解信息。

你需要这样去整理：

信息架构

【活动实施】

①观察你经常使用的某款 App，了解它是怎样帮助用户进行信息分类的。

②分析当你在浏览网站或者 App 时，制作方是如何将信息呈现给你的。

活动 2：初步认识信息图表

【活动背景】

当前，信息图表早已在生活和学习中得到了广泛的应用，常见的新闻、杂志、教材、手册等载体的信息构成中，都能看到信息图表的身影。

【课前引入】

生活中，交通出行时乘坐地铁所看到的交通路线图等就是信息图表。

【知识窗】

1. 信息图表定义

信息图表是指将信息、数据和知识等内容转化为二维视觉化（可视化）呈现的方式，能够将复杂的数据信息通过清晰的图表传达给用户，不仅让信息的传播变得更加快速高效，对于用户而言，也更容易读取。

2. 信息图表分类

在学习过程中，化学课上的元素周期表等也属于信息图表。基于当前常见的信息图表内容，可将其分为表格、图表、图形、统计图、图解、地图六类。

【活动实施】

请列举生活中见过的信息图表并进行分类。

活动3：了解信息架构与信息图表展示任务

【活动背景】

在同学们的帮助下，小丁同学对于网络信息架构与图标创意所要学习的两大内容做了基础了解，但想要成为一名专业的媒体人还需要掌握比别人更多的知识，因此还需要对信息架构研究在图标创意中的意义以及目的做进一步了解。

【课前引入】

在正式了解本章节内容之前，同学们能否根据自身已有的知识以及经历，说一说关于信息架构在图标创意中的意义呢？你认为信息架构的研究对于图标创意到底有什么样的影响？

【知识窗】

1. 信息架构研究在图标创意中的意义

图标创意不是简单的图形制作，其存在的价值更不是简单符号勾勒出的形状、轮廓，而是通过将"图"与"标"结合，创造出有着明确代表意义的艺术符号。对于网站或系统而言，进行图标创意的前提是需要了解到用户交互时的节点，而将各图标进行关联的过程，则必须建立在信息架构完善的基础上。

如果将要建设的网站或系统与建筑进行比较，信息结构就是建筑中所有的路线规划。根据路线的信息结构,建筑物将有不同的交通标志和标志。交通标志和标志是建筑物中的"图标"。

信息结构的完善和准确性直接影响道路标志和道路标志引导路线的准确性。一旦信息结构出现错误,建筑物得不到适当的指导,用户就会在建筑物中迷失方向。也就是说,当用户处于自己正在构建的网络系统中时,由于信息结构的构建错误,用户将停止访问,图标的创造力将失去其意义。

由此可见,在复杂繁荣的网络信息环境中,信息体系结构的设置影响系统的分类、导航、组织标签和其他图标的生成。

2. 信息图表展示在图标创意中的目的

图标创意是一个复合体系,其本身是"图"与"标"的结合,而信息图标创意则是融合了"图""标"及庞大数据而形成的,这类创意的目的是实现图标的可读可视化。

如前所述,信息图表可以明确地向用户传达复杂的数据信息,但与图形化的图标相比,图标具有更直观的表达优势。通过显示信息图表,复杂的信息和数据变得清晰易懂,集成在图标窗口中,在交互过程中重新显示信息,实现可读性和可视化的目标。

【活动实施】

认识生活中常见的信息图标。观察常用 App,了解其分类特点。

任务三 架构网络信息传播特点

架构网络信息传播特点

【情境设计】

关于网络信息架构的相关知识并不是从三言两语中就能学透的,对其的学习是一个需要不断深入探索的过程,本任务将通过对网络信息架构的传播特点进行讲述,帮助小丁同学从多维度认识网络信息架构,建立关于网络信息架构相关内容更加全面的认知。

【任务分解】

了解网络信息传播方式、探讨网络信息传播未来。

活动 1:了解网络信息传播方式

【活动背景】

随着互联网的快速发展,网络信息的传播方式早已无法局限在某一种形式上,更多的是通过信息的传播实现了"泛媒介"的效果,即信息的传播呈现了融合的方式。

【课前引入】

八卦新闻在论坛上广泛传播,个人则可能将截图发送到微信群中进行群内传播,你是否见过这样的事件? 请说出你的经历。

【知识窗】

网络信息传播的方式是多样性、多层面的,可以根据传播特点将其分为 4 个层级。

（1）个人对个人的异步传播

个人对个人的异步传播,最常见的代表形式就是电子邮件,将信息从一台电脑向另一台电脑发送,实现信息的传播与沟通。

（2）多人对多人的异步传播

多人对多人的异步传播包括电子公告牌、电子论坛等。

（3）个人对个人、个人对少数人、个人对多数人的同步传播

常见的传播方式有多人用户游戏(如王者荣耀、刺激战场)、在线聊天室(如微信群、QQ群)等。

（4）多人对个人、个人对多人的异步传播

传播方式包括网页、远程通信等,如当你需要对某个问题进行了解时,在微博、知乎、豆瓣等平台提出问题,并得到网友答复的传播过程。

【活动实施】

浏览网页论坛对所有网络生产发布的信息进行分析。

活动 2：了解网络信息传播的未来

【活动背景】

5G 时代的到来,让互联网有了更加快速的发展,虽然我们每天都在学习关于网络信息传播的最新知识,但随着信息技术的快速发展与进步,网络信息传播的未来仍然是不可估量的。

【课前引入】

请发挥想象谈一谈,网络信息未来将会怎样发展。

【知识窗】

网络信息传播的未来可能有以下三个方面的发展。

（1）全民"自媒体"持续领航

5G 时代,快手、抖音等自媒体平台持续火热,在未来,网络信息仍将基于此类自媒体短视频平台得到快速、广泛的传播。

（2）网络信息传播走向深度化

随着用户在网络社交网站上的不断探索,他们对一些网络信息的关注不再局限于浏览层面,而是通过老用户的身份在网络上发出自己的声音,通过个人视角的输出产生一定的影响,

实现个人价值。作为网络信息传播中的一环,用户对网络信息的传播不再局限于查询和浅层次讨论,而是有深刻见解的输出。

(3)网络舆论生态规范化呈现

通过网络上的信息传播,网民可以根据自己的特点,在短时间内实现情感共鸣和情感发酵。在网络平台上,一些网民有意识地利用这一功能引导舆论,在某些情况下甚至对政府施加压力,这种"网络推动者"和"网络水军"的出现必须受到严格的控制。网络舆论规范化和网络信息传播整治仍然是一大方向。

【活动实施】

以某一网站为例,依照其分类方式复原网站信息架构框架。

项目一考核评价

表一 专业能力考核表

项目一:架构网络信息知识框架	日期: 年 月 日					考评员签字:			
姓名:	学号:					班级:			
架构网络信息传播概念	①网络信息传播的提出及研究意义。 ②网络信息传播的宏观影响。 ③网络传播中的文化现象表现在哪些方面?								
架构网络信息的重要内容	信息架构概念	信息架构定义	信息图表概念	信息图表定义	信息图表样式	信息架构展示	信息数据采集	信息图表展示	架构与图表的关系
	□有 □无	□有 □无	□有 □无	□有 □无	□有 □无	□有 □无	□有 □无	□有 □无	□有 □无
	所在任务菜单	所在任务菜单	所在任务菜单	所在任务菜单	所在任务菜单	所在任务菜单	所在任务菜单	所在任务菜单	所在任务菜单
架构网络信息传播特点	①网络信息传播的方式有哪些? ②未来的网络信息传播具备哪些条件? ③探讨未来网络信息传播的方式。								

表二 评价考核评分表

评分项	内容	分值	自评	互评	师评
职业素养考核(40%)	积极主动参加考核测试教学活动	10分			
	小组团队合作能力	10分			
	交流沟通协调能力	10分			
	遵守纪律,能够自我约束和管理	10分			

评分项	内容	分值	自评	互评	师评
专业能力考核（60%）	架构网络信息传播概念	15 分			
	架构网络信息的重要内容	15 分			
	架构网络信息传播特点	15 分			
	高质量完成各项活动实施	15 分			
得分合计					
总评	自评（20%）+互评（20%）+师评（60%）=	综合等级		教师（签名）：	

项目二　练习网络信息的整合

【项目综述】

目前,随着互联网在全球的普及,网络信息资源数量呈几何级增长。在无序信息资源大量分散的影响下,用户往往在网络海洋中感到失落。整合网络信息,形成结构化有序的信息架构,为用户提供更便捷的资源搜索和呼叫服务。同时,整合网络信息的能力也是从事新闻媒体行业的基本和必要能力。

【项目目标】

通过本项目的学习,应达到的具体目标如下:
（1）知识目标
◇掌握各类信息显示在网络环境下的特点
◇学习新闻整合知识
◇学习网络信息多媒体融合知识
（2）技能目标
◇掌握新闻信息整合技巧
◇具备信息整理分类能力
（3）思政和素养目标
◇培养学生系统化思维
◇锻炼学生信息分辨能力

【项目思维导图】

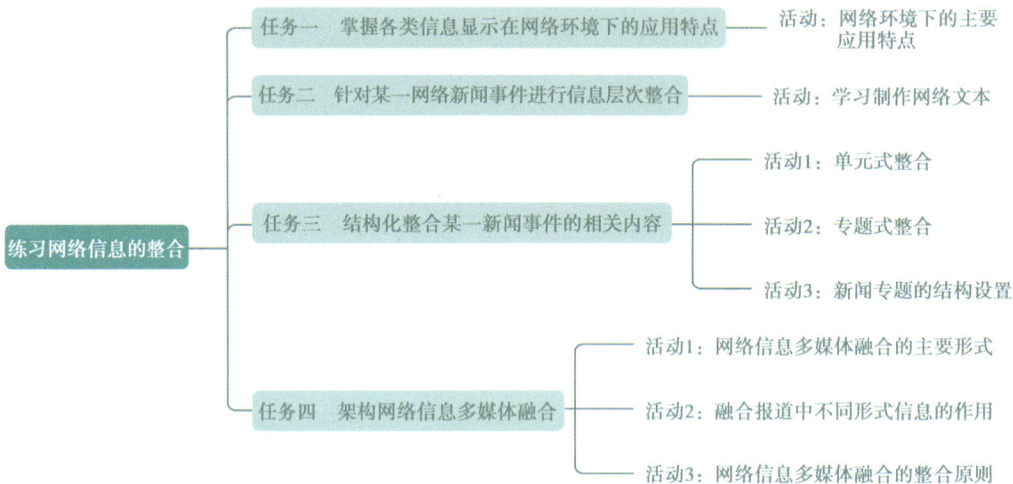

```
                    ┌─ 任务一  掌握各类信息显示在网络环境下的应用特点 ─── 活动：网络环境下的主要
                    │                                                       应用特点
                    │
                    ├─ 任务二  针对某一网络新闻事件进行信息层次整合 ─── 活动：学习制作网络文本
                    │
                    │                                              ┌─ 活动1：单元式整合
练习网络信息的整合 ──┤                                              │
                    ├─ 任务三  结构化整合某一新闻事件的相关内容 ─────┼─ 活动2：专题式整合
                    │                                              │
                    │                                              └─ 活动3：新闻专题的结构设置
                    │
                    │                                              ┌─ 活动1：网络信息多媒体融合的主要形式
                    │                                              │
                    └─ 任务四  架构网络信息多媒体融合 ──────────────┼─ 活动2：融合报道中不同形式信息的作用
                                                                   │
                                                                   └─ 活动3：网络信息多媒体融合的整合原则
```

任务一　掌握各类信息显示在网络环境下的应用特点

掌握各类信息显示在
网络环境下的应用特点

【情境设计】

在上一个项目的学习中,学生对网络信息体系结构有了全面的了解,为学习奠定了良好的基础。如果想拥有构建网络信息体系结构的能力,就必须具备集成信息的能力。通过这种方式,可以对混合网络信息进行分类、细化和集成,并帮助构建更系统的信息体系结构。网络信息集成单元的主要任务是掌握网络环境中各种信息显示的应用属性。

【任务分解】

认识各种信息形式在网络环境下的主要应用特点。

活动:网络环境下的主要应用特点

【活动背景】

与传统媒体传播不同,网络环境下的新闻传播呈现出新的特点,如人际传播作为一种基本形式,舆论领袖起着关键作用,新闻传播具有无限的潜力。因此,在整合和利用网络环境中的信息时应该更好地了解受众的需求和愿望,更好地使用微博、博客和社交网络服务等社交软件,更好地理解和掌握网络信息的传播过程。

【课前引入】

2021年1月,深圳一男子从网上找来图,P上"离深返回需隔离14天"等字样,然后将图片发布到自己的朋友圈称"离开深圳再回来,需要隔离14天。请想好再上高速!"。实际是因为临近过年,其由于各种原因不愿意返回老家,但又怕父母担心也嫌向他人解释非常麻烦,故开了这么一个"玩笑"。最后,此男子因涉及散播谣言扰乱公共秩序的涉疫类违法案件被行政拘留。同年7月,河南遭受特大暴雨,地区受灾严重,各路明星纷纷解囊捐款。著名嘻哈歌手"孩子王"在微博发布1.8万元的捐款截图,有网友拿着订单号查询,却发现他实际只捐了100元,却被他P成了1.8万元,为了自己的虚荣心去造假,被网友们吐槽诈捐,一时成为舆论热门事件,"孩子王"更是遭到全网抵制。

从以上两则案例中能看出信息在网络环境下的哪些特点?请发表自己的看法。

【知识窗】

各种信息形式在网络环境下的主要应用特点如下所示。

(1)非线性化的超链接

在网络环境下,文字可以摆脱传统文章中的线性结构,通过非线性化的形式进行展示,如"超链接"。

"超链接"常出现的场景是微信公众号、PPT等,我们在浏览微信公众号的某篇文章时,单击某些图片或链接可以直接到达另一信息界面的场景,这就是"超链接"的应用。

使用"超链接"形式体现的非线性化文字传播,不仅能够通过链接引导实现延伸阅读,让用户能够更深入了解某项产品的多样信息,还能让文字信息以更层次化的方式体现出来,如在某些平台进行信息浏览时,需要点击"上一页"才能切换至"下一页",点击"标题"才能够查看"正文",这样的操作不仅增强了理论的趣味性,更有助于展现文章的层次感。

（2）可加工化的图像

可加工化的图像可以使用"PS"和"美图秀秀"等工具反复更改。图像制作者不仅可以修改和处理图像的内容,还可以通过图像输入重新处理图像。随着对图像处理技术研究的深入,很多人可以使用工具处理出与真实照片混淆的照片,这些照片直接影响到新闻的真实性,一旦在网上传播,很有可能引起不良舆论的上升。

（3）标准化应用图表

相关研究表明,通过图形观察到的数据比通过文本阅读到的数据更容易理解。人脑在阅读图形时,可以同时处理图形中的各种数据,而只能以线性方式滚动文本。因此,在网络时代,图形应用已经成为常态。

（4）短视频信息

互联网的发展导致了大型视频网站的出现。5G时代的到来让每个人都成为短视频的创造者和发行者。越来越多的视频在短视频平台上以几十秒到几分钟的状态显示琐碎的信息。

（5）现场信息传播

随着互联网和5G时代的迅速发展,现场信息的传播越来越流行也不足为奇。无论是在一些平台上的直播还是电视新闻直播,都成为人们发现更多新型信息的传播方式。

（6）多场景音频应用

多场景音频应用也是适应网络发展,满足人们需求的传播形式。目前多场景音频应用已经不再局限于人们在传统音频软件中听到的歌曲、故事、戏剧和其他内容。相声、广播剧和"阅读"服务也已经成为新兴的音频传播形式,很多视频播放平台也推出了音频模型。

（7）流行动画应用程序

目前流行的动画形式是flash动画,一些公司发布的网络广告或营销视频常常使用flash动画。同时,一些新闻场景也以动画的形式再现,使人们可以更清晰地看到新闻内容,提高用户的体验感。

【活动实施】

结合实践案例分析各种信息形式在网络环境下的主要应用特点；了解和各类信息显示在网络环境下应用特点相关联的平台案例，深入感受课程内容。

任务二　针对某一网络新闻事件进行信息层次整合

针对某一网络新闻事件
进行信息层次整合

【情境设计】

在了解了各类信息显示在网络环境下的应用特点后，小丁同学想结合前面所学的知识尝试练习对网络信息的整合，本任务介绍了关于信息整合的相关技巧和步骤，一同在学习过程中尝试对某一网络新闻事件进行信息层次整合吧。

【任务分解】

学习策划文本、制作标题、摘要写作、正文写作、应用超链接、配置延伸性阅读。

活动:学习制作网络文本

【活动背景】

作为网络新闻发布者或行业专家，必须能够整合信息。整合的信息要能够向大众展示、方便点击阅读。在学习本活动内容时,可以结合网络热点事件以取得更好的学习效果。

【课前引入】

随着互联网快速普及,各式新闻能在发生的第一时间进入大众眼帘,未来要从事媒体行业的同学们作为新闻相关信息的整合发布者,则必须具备网络文本制作的能力。那些看似日常的新闻到底是如何进行策划、选材、发布的呢?

【知识窗】

网络文本在内容上类似于新闻栏目,但由于其自身的特点,在形式上有进一步扩展。主要有四个层次的内容:标题、摘要、正文、超链接的应用。

(1)制作标题

网络文本标题的产生在一定程度上遵循了新闻标题的基本规律。在制作过程中,不仅要在标题中强调新闻的主要亮点,还要准确传达信息。

另外,网络文本的标题在制作领域也起到了"诱导点击"的作用。因此,在创建时应该考虑如何最大限度地提高用户阅读文本的兴趣。在这个过程中,必须注意把控尺度。如果我们无法把控好尺度,标题无法达到理想的文本效果,甚至可能会与用户发生冲突。还值得注意的是,一些平台仍然对标题中的字数有一定的限制。这都是创建网络文本标题时需要考虑的内容。

(2)摘要写作

当需要创建内容标题时,可以根据需要撰写摘要。一方面,可以简要地总结全文内容,展示文章的要点。例如,文章摘要版本允许用户阅读目录,帮助用户在一定程度上理解本文的内容。另一方面,要吸引用户阅读,需要通过内容制作引导读者点击。

(3)正文写作

在撰写网络文本时,"简短生动"应是文章突出的特点。无论是段落还是文章,都应书写得简洁明了,让用户快速理解文章的内容。另外,在视觉表达中考虑到人们的审美,有必要将一些关键词加粗或以其他方式将文章的主要内容表现得更加清晰。

(4)超链接的应用

使用超链接,可以在文章内容中添加关键字和解释重要信息方面发挥作用。例如,在当前的普通新闻中,通过超连接,读者可以在阅读时直接访问相关新闻。如下页图所示,杭州正在宣传高中生学习心肺复苏的新闻。杭州市计划普及高中生学习心肺复苏的发布方式,让用户在浏览时点击关键词进入新闻网站。

但是超链接的应用也存在一定的弊端,用户一旦单击了超链接,就会有新网页覆盖原网页,用户一旦被新网页的内容吸引,阅读目的便直接出现偏差。

超链接的存在是广泛阅读的最佳体现。可以设置超链接供用户通过单击阅读,也可以在评论区发布交互式超链接,以便在网络环境中创建各种交互。

对于新闻,超链接具有良好的阅读功能。例如,喜欢八卦信息的群体在不同时间对同一个人有不同的八卦讨论。通过设置关键词超链接,用户在阅读的同时,可以系统地掌握热门人物的所有事件,从而获得更全面的阅读结果。当然,要构建这种超链接,后台编辑(如记者和编辑负责人)必须筛选内容,以防有虚假新闻或重复信息。

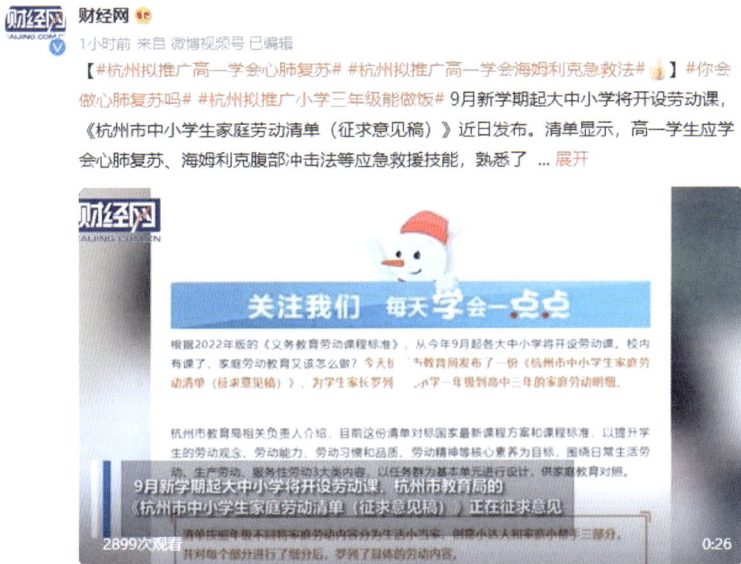

【活动实施】

选择某一热点新闻事件,写一篇600字的公众号所用推文,学习公众号后台等关于信息发布平台的操作。

任务三　结构化整合某一新闻事件的相关内容

结构化整合某一
新闻事件的相关内容

【情境设计】

在上一项任务中,学习的是信息层次整合,即详细地了解一条完整的网络信息是由哪些层次构成的,如何进行描写应用能够达到理想化的呈现效果。但对于很多新闻事件而言,它们往往不是一次性的新闻,而是会按照时间线的发展不断更新动态,这时便需要进行专题式整合。想要帮助小丁同学完成信息整合,只会整理一条网络信息还远远不够,必须具备专题新闻整合的能力。

【任务分解】

了解单元式整合、专题式整合、专题结构选择。

活动1:单元式整合

【活动背景】

对于新闻与传播这样一个紧跟时代和技术发展的学科来说,网络传播是学界研究的热点和重要研究方向,从单元式和专题式整合两方面展开。

【课前引入】

如重庆山火事件,在进行新闻报道时,主稿件设置成重庆山火事件"00后"烈火英雄上山输送救援物资,辅助稿件则可以将此事件自发生起的各项报道进行补充,以时间线的顺序进行排列。用户即使没有了解到前面的事件,在读取最新新闻时,通过单元引导也能对前情做到概要了解,这就是常见的单元式整合新闻之一。

【知识窗】

这里的单元式整合和课本上遇到的单元内容是有差异的,课本上常见的单元式内容是在某一单元内,通过不同的重点设置共同构成一个单元的内容。而在网络中的报道单元,更多的是以一篇特定稿件为主干,其他稿件以辅助的作用进行配置,稿件彼此间相互补充,让用户在短时间内阅读到大量信息,同时也达到更好的传播效果。

除去以时间线为线索的整合报道单元外,以层次化信息构成报道单元、从不同角度组织报道单元,也是新闻报道单元常见的逻辑结构。

【活动实施】

自行选择热点新闻,尝试进行单元式整合。

活动2:专题式整合

【活动背景】

在上一项活动的学习过程中,相信大家已经掌握了单元式新闻整合的方法,具备了一定对新闻信息进行整合的能力。但对于庞大的新闻信息而言,仅单元式新闻整合一种方法还远远不够,学习几类专题式新闻整合方法,会让你整合信息的能力更加扎实。

【课前引入】

同学们就专题一词肯定不陌生,比如在过年时,各大新闻网站常常会有以新年新气象为主题的专题式整合,专题中会放与新年相关的各项内容。除此之外你还能想起哪些专题式整合内容吗?

【知识窗】

1. 专题式整合

专题式整合是一种将碎片化的新闻信息进行整合的方式,基于互联网所开展的新闻专题设置,也能更有深度地帮助用户进行阅读延伸和引导。例如,海南白沙探索融合发展之路,白沙黎族自治县委书记邓伟强表示,白沙将在"生态+农业""生态+旅游""生态+体育"等方向持续发力,加强特色产业高质量发展能力建设,同时在海南自贸港建设新的发展机遇下,不断发挥区位优势,推进茶产业融合向纵深发展,进一步擦亮白沙茶旅融合新招牌。在自媒体不断兴起的互联网时代,通过趣味性的新闻专题设置,吸引用户点击阅读也成为网络媒体竞争的核心指标之一,此外也由于我国网络媒体仍处于快速发展的成长阶段,不同类型的新闻专题设定也成为对网络媒体行为理念的试验田与风向标。

2. 新闻专题的类型

新闻专题的类型主要有以下几种。

（1）采访型专题与编辑型专题

采访型专题一般指的是相关新闻网站对一定选题进行重点关注,并组织力量对其相关的内容进行采访报道,制作成专题,这一专题是由该网站主动发起采访整合的原创内容。

如新华网设置的"瓣瓣同心·携手共进"专题,围绕乡村振兴进行多方面的采访报道,活动结束后,针对乡村振兴主题所开展的不同项目的采访,均可汇集在该网站下以"乡村振兴媒体行"为主题的采访型专题下。此专题是针对京津冀协同发展而开创的网络主题活动,内容安排上,主要针对此主题进行了多方面的延伸和采访报道,此类型的专题即为采访型专题。

但以上采访报道活动，往往需要在特定的节点由于特殊需求而开展，新闻网站大多数展示的新闻还是在特定主题下进行相关材料的组织与整合。如新华网的另一个主题"新华社民族品牌工程"，即是对此特定主题进行相关材料的组织与整合，此类专题则属于编辑型专题。

（2）事件型专题与话题型专题

事件型专题是指对某个新闻事件展开多方面的报道，包括事件发生的前因后果以及带来的影响。也可以是全方位的报道，例如"两会系列"报道。

而话题型专题则是针对热点或冰点话题进行整合报道，例如话题#中国人第一次从太空遥望地球的影像#，针对此话题展开的事件报道、评论报道、延伸事件报道的，都属于话题报道。

（3）全面集纳型专题与结构化解读型专题

全面集纳型专题体现出的是较为全面又简单的分类方式,在新闻网站中常见的滚动消息就是全面集纳型专题的体现。而结构化解读型专题所体现的内容往往是只针对一件事情或话题的报道,作为专题对稿件间的逻辑严密性有着严格的要求,甚至呈现出了作者的主观性和倾向性,也正因此被称为评论型专题。

（4）动态型专题与静态型专题

动态型的专题处于开放的过程和状态,其所展现的内容是不断更新的,有着较高的时效性,常将事情经过以时间线的方式进行串联报道,形成动态专题。而静态型专题则是一次性完成,不再继续进行后续的内容补充。静态型资料生命力强、老化慢、积累程度差,这些特点决定了它的不完全性。

【活动实施】

自行选择热点新闻,尝试进行专题式整合。

活动3:新闻专题的结构设置

【活动背景】

基于互联网时代所发展的新闻信息整合常常关乎着相关从业者或是相关发布平台的数

据以及流量变化,我们在读新闻时不难发现,明明同样的信息在不同网站的阅读量会有着巨大的差别。一方面,抢占时间先机的新闻媒体会在热点型新闻上获得较高点击量,但对于时间线相对较长的新闻,往往呈现出更加专业化表现的新闻媒体会更受欢迎的趋势。

【课前引入】

所谓呈现出更加专业化的新闻信息整合内容,其实考察的就是不同媒体对于新闻专题结构的设置。在新闻结构中有着平行聚合式、层层递进式、观点争鸣式等多种结构,到底什么样的新闻该匹配什么样的新闻结构? 请带着这个问题学习本节内容。

【知识窗】

(1)网络新闻专题的平行聚合式结构

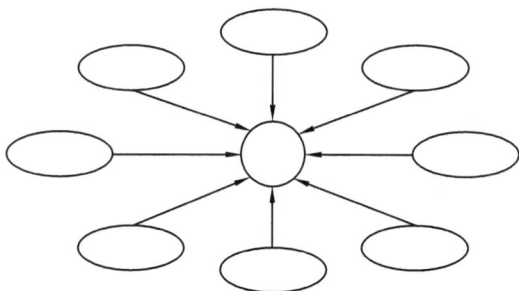

(2)网络新闻专题的层层递进式结构

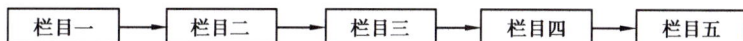

栏目一 → 栏目二 → 栏目三 → 栏目四 → 栏目五

(3)网络新闻专题的观点争鸣式结构

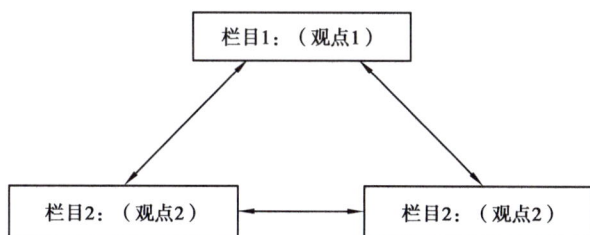

栏目1:(观点1)

栏目2:(观点2) ← → 栏目2:(观点2)

【活动实施】

了解新闻整合过程中除网络信息结构化整合特点外的其他注意要点。

任务四　架构网络信息多媒体融合

架构网络信息多媒体融合

【情境设计】

通过层层递进的学习,小丁同学已经具备了对某一网络新闻事件进行整合的能力,但由于学习时间较短,他的经验还不是特别足,因此本任务主要介绍架构网络信息多媒体融合的相关知识,通过对关于网络信息多媒体融合的知识补充,提供更加全面的关于网络信息整合的知识,巩固信息整合能力。

【任务分解】

通过对网络信息多媒体融合主要形式的理解、融合报道中不同形式信息的作用、网络信息多媒体融合的整合原则等内容的学习,形成更加专业化的信息整合思维,进而实现对多媒体融合新闻专题的制作。

活动1:网络信息多媒体融合的主要形式

【活动背景】

生活中,在网络上较为常见的多数稿件都是一个多媒体单元,它们以图文等基本的组合模式形成了一种简单的多媒体组合。但随着互联网的快速发展,多类型素材的整合与融合成为网络媒体追求的发展方向,多媒体融合报道呈现出多种多样的形式。

【课前引入】

例如,冬奥会举办期间多媒体融合报道新闻的热度逐步攀升,多种信息汇集成的新闻报道方式向大众播报着最新的体育赛事动态,那么有没有同学可以结合现状谈一下自己对多媒体融合报道的看法? 你是怎么理解的? 认为主要体现在哪些方面呢?

【知识窗】

(1)Flash 整合的融合报道

Flash 整合信息常见于平时在短视频平台所刷到的将新闻报道可视化图表的内容以视频形式展现的信息,这样的报道形式不仅生动形象,而且可以让用户直观地看到想要表达的信息,满足了在互联网时代以及快节奏阅读生活中的人们对新闻信息的获取需求。

(2)电子杂志整合的融合报道

随着纸质书逐渐远离人们的生活,电子书成为更多人阅读的主要形式,电子杂志整合的融合报道也应运而生,各大传统媒体都在选择以电子杂志的形式将纸质报道上的信息进行整合,用户只需在电子网页进行浏览,就能完整地了解到纸质报道中的信息。

(3)以图片或视频为主线索的专题式融合报道

此类报道大多以网页为载体,将与某一事件相关的图片和视频素材进行整合,再以其他信息做补充,对主体内容进行延伸。

(4)以文字为主线索的特稿式融合报道

顾名思义就是以文字为主体的表现形式,但会以多媒体内容对文字进行拓展报道,来弥补文字所不能带来的现场感。

(5)多媒体混合流式融合报道

此类报道形式中占有各类形式的报道内容,它们不分主次,但能够共同组织成混合的信息流,帮助用户实现对信息的了解与解读。

(6)微信息图表整合的融合报道

一方面是通过信息图表的方式,将所需呈现的内容进行报道;另一方面还会在信息图表上附有链接,将其他信息素材与之整合,形成融合报道。

(7)移动终端基于 H5 的融合专题

这类报道形式大多应用在多媒体手段的整合报道中,此外在常见的与用户互动方面的信息平台上(公众号、朋友圈),也常见到其的身影。

【活动实施】

以抗击"疫情"为主题,小组讨论各路闪客创作的优秀作品,并进行分析。

活动 2:融合报道中不同形式信息的作用

【活动背景】

在对网络信息进行融合报道的过程中,常常可以看到以文字、图片、音频、视频、动画、互动等为体现方式的多种内容,这些不同的内容各司其职,既可以独立展示一条信息的内容,也可以通过搭配更加丰富地呈现网络信息的内容。

【课前引入】

每次提起文字图片、音频视频等相关的内容都觉得是老生常谈,这些看似普遍的构成信息的组成,实际上对融合报道中网络信息的构成有着重要作用,选择合适的内容进行精华式的整合才能达到最佳的信息呈现效果。今天,我们先来了解这些内容在融合报道中发挥的作用。

【知识窗】

文字在网络信息过程中充当的就是描述事件的作用,让用户通过文字描述,能够清晰地了解到信息所要表达的内容。

图片的存在让用户能够更加直观地看到所要表达的内容,配合文字理解起来效率更高。

音频、视频分别从听觉和视觉两方面,带给用户"声"临其境或身临其境的感觉,这也是时代进步和互联网信息快速发展的产物。

动画在网络信息呈现的过程中一方面是能够更加生动形象地演绎出信息所要表达的内容,另一方面由于信息在传达给用户时,是需要经历一定的筛选的,部分暴力血腥的画面,如果直接呈现会引起不必要的模仿行为,而以动画的模式进行展示不仅能够降低用户的不适感,也能最大限度地讲述信息要表达的内容。

互动当前更多作为一种功能进行体现,包括微信公众号中会见到的"点赞""在看"等,通过用户的互动来感知用户在浏览过程中的体验感,同时多用户的点赞对于平台本身而言也是一种认可,在一定程度上也提升了信息的价值和意义。

【活动实施】

2021 年是中国共产党成立 100 周年,请选择 10 件"大事件"进行信息整合,制作一个新闻专题。

活动 3:网络信息多媒体融合的整合原则

【活动背景】

在前面的活动实施中,我们制作了关于中国共产党成立 100 周年的新闻专题,通过不同同学的专题制作成果我们可以看出有部分同学在新闻专题制作方面还存在着可上升空间,而这也是困扰着正在努力学习网络信息整合知识的小丁同学。

【课前引入】

到底为什么在新闻专题制作过程后呈现的效果不如人意? 或许你可能没有注意到以下几项原则。每次新闻专题进行整合后检查自己是否符合以下几点要求,能够达到良好的错误规避效果。

【知识窗】

网络信息多媒体融合的整合原则包括物尽其用、取长补短、有机融合、注重用户体验等。

（1）物尽其用

利用一切可利用的资源进行信息整合，利用一切可利用的途径进行单元或专题制作，达到整合目的。

（2）取长补短

信息整合过程中要注意取长补短的原则，发掘、突出信息中的特色和亮点，形成吸引用户浏览的新闻点，弥补非特色处信息的不足或缺失。

（3）有机融合

全媒体时代进行新闻整合，必须做到各项内容的有机融合，通过有吸引力的文字描述配备场景回顾的动画，或是引导延伸阅读的超链接，都是有机融合的体现。

（4）注重用户体验

进行信息整合时要明确是为了向用户提供更舒适的浏览体验，所建立的规则、图标，甚至是所选的标题、文章的风格，都要充分建立在满足用户需求、注重用户体验的基础上。

【活动实施】

制作一个多媒体融合新闻专题。

项目二考核评价

表一　专业能力考核表

项目二：练习网络信息的整合						日期：　　年　　月　　日			考评员签字：	
姓名：					学号：			班级：		
掌握各类信息显示在网络环境下的应用特点，针对某一网络新闻事件进行信息层次整合	是否进行信息整合	制作网络文本	单元式整合	专题式整合	新闻专题结构	多媒体形式	信息的作用	多媒体整合原则	是否有核心信息点	
	□是 □无	—	—	—	—	—	—	—	□是 □无	
在充分了解分析上述工作任务的基础上，对某一新闻事件的相关内容进行结构化整合，并架构多媒体融合框架	①信息整合前要做哪些准备工作？ ②如何掌握各类信息显示在网络环境下的应用特点？为什么？ ③网络环境下的主要应用特点是什么？并说明原因。 ④整合方式有哪些？并说明原因。 ⑤架构网络信息多媒体融合的主要形式有哪些？ ⑥融合报道中不同形式信息的作用是什么？ ⑦网络信息多媒体融合的整合原则是什么？为什么？									

表二 评价考核评分表

评分项	内容	分值	自评	互评	师评
职业素养考核(40%)	积极主动参加考核测试教学活动	10 分			
	团队合作能力	10 分			
	交流沟通协调能力	10 分			
	遵守纪律,能够自我约束和管理	10 分			
专业能力考核(60%)	掌握各类信息显示在网络环境下的应用特点,针对某一网络新闻事件进行信息层次整合	40 分			
	在充分了解分析上述工作任务的基础上,对某一新闻事件的相关内容进行结构化整合,并架构多媒体融合框架	20 分			
得分合计					
总评	自评(20%)+互评(20%)+师评(60%)=	综合等级		教师(签名):	

项目三 策划网络信息架构

【项目综述】

这门课程主要学习的内容是网络信息架构与图标创意,在前期学习网络信息整合相关知识是为了锻炼学生们的信息整合能力,实际上在选择网络信息进行整合的过程中,也是对信息进行策划架构的过程。本项目将继续回到网络信息架构的相关知识学习上,从网络信息架构的定义开始了解,结合前面所学知识完成新闻网站信息架构的模拟。

【项目目标】

通过本项目的学习,应达到的具体目标如下:
(1)知识目标
◇了解网络信息架构的定义
◇了解并学习运用网络信息架构三要素
◇掌握信息架构中内容的选择
◇认识网络信息架构实现形式

（2）技能目标

◇网络信息架构模型初探

◇策划并模拟新闻网站信息架构

（3）思政和素养目标

◇培养学生新闻思维

◇锻炼学生互联网思维

◇提升学生学习的主观能动性

【项目思维导图】

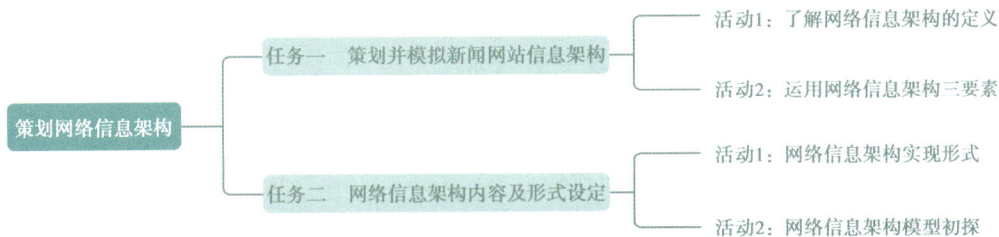

```
                              ┌─ 任务一  策划并模拟新闻网站信息架构 ─┬─ 活动1：了解网络信息架构的定义
                              │                                    └─ 活动2：运用网络信息架构三要素
策划网络信息架构 ──────────────┤
                              └─ 任务二  网络信息架构内容及形式设定 ─┬─ 活动1：网络信息架构实现形式
                                                                   └─ 活动2：网络信息架构模型初探
```

任务一　策划并模拟新闻网站信息架构

【情境设计】

策划并模拟新闻网站信息架构

在项目一中曾提到信息架构,是指对某一特定内容里的信息进行统筹、规划、创意、安排等一系列有机处理的想法。那网络信息架构又该怎么理解呢?

【任务分解】

了解网络信息架构的定义,了解并学习运用网络信息架构三要素。

活动1:了解网络信息架构的定义

【活动背景】

掌握了各式网络信息整合能力的小丁同学认为自己了解了信息架构以及网络信息整合的相关知识后就具备了一定的行业从业能力,实际上前面所学的内容只能说是了解到了此门课程的第 1 步,只能算是入门阶段。关于网络信息架构的内容,需要将它分解并深入了解学习,只有真正摸透了它的基础架构,才能为未来从业打下更加全面坚实的基础。

【课前引入】

同学们可能会疑惑,为什么前面学了信息架构这里又要重回网络信息架构的定义了解,其实这样的层层递进式学习也是一类信息架构方式的体现,可以带着这个疑惑开展本节内容的学习。

【知识窗】

网络信息架构是对当前用户共享的网络信息环境进行的结构处理。这是数字、物理、多通道生态系统中组织、标记、搜索和系统导航的综合。基于网络信息结构提供的内容和服务有可行性、可循性、可理解性的特点。

基于信息结构的概念,不难理解网络信息结构。信息的存在是信息结构的基础。结构设置、组织模式设置和标签制作是构建信息的方式和方法。充分完整的信息体系结构具有检索和管理功能。如果在使用过程中无法通过查询、检索等功能找到所需内容,信息结构系统就不完整。在信息结构中要使用规定和方法。因为严格的计算方法是产品帮助用户进行需求分析和信息检索的主要方法。

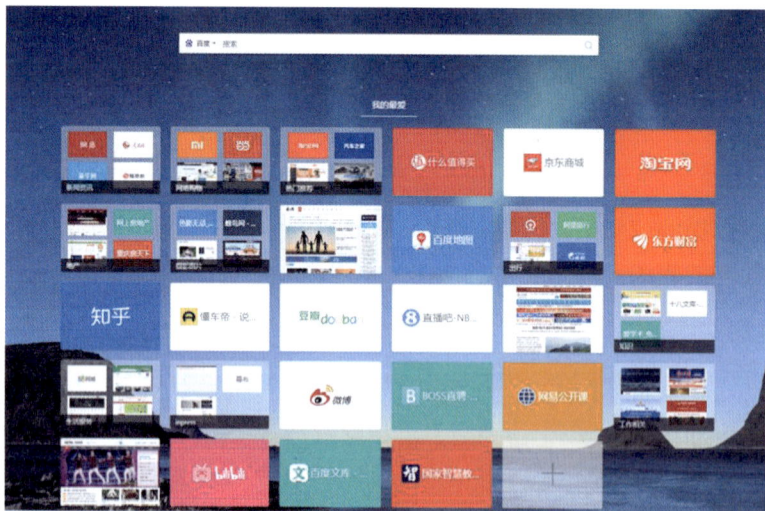

以浏览器为例,拥有庞大的信息库是浏览器的基础。通过该浏览器设置各部分内容、标签和关联是架构的一种方法和过程。当用户使用浏览器时,他们可以输入关键字来查找他们需要的信息,并证明整个信息体系结构是可用的。在使用过程中,用户的需求随着社会的发展而不断变化。作为网络信息平台的内容发布者,也应该看到用户需求在发展过程中的变化,不断完善信息结构。

活动2:运用网络信息架构三要素

【活动背景】

在普遍的认知中,信息架构往往是针对大型网站而言设计各项辅助网站运行功能的存在,便于人们快速找到需要了解的信息。那么从事媒体相关工作,在网络信息发布时也有同样的信息架构特点,如何通过自身内容的呈现,快速让用户读取到信息的关键内容,离不开网络信息架构的三要素:场景、内容、用户。

【课前引入】

场景、内容、用户这三个词语同学们并不陌生,但将它们综合到一起进行考量时不仅是浓缩了信息架构的理念精华,更是将互联网行业相关内容的设计要点完整呈现。就像做生意一样,一个项目的关键点在哪里,下一步又要如何发展? 都是在经营项目时需要考虑的问题。那么在信息架构时又该如何考虑最常见的三点要素呢?

【知识窗】

1.场景

信息结构的场景包括业务目标、资本投资(预算)、政治和文化背景、技术支持、资源和产品结构相关的限制因素。在信息处理过程中,应该考虑将构建的内容投入使用,并为用户提供有效的服务。因此,信息体系架构过程必须确保提供的服务与现有场景一致。

对情况的审查可以理解为对产品所处行业的背景审查,包括市场环境和产品本身的背景。例如,为了共享自行车产品,有必要构建移动应用的信息结构。想想市场上其他品牌共享自行车的移动应用程序,甚至用户对使用其他类似产品的不满吧。这只是构建自己内容时需要考虑的场景元素之一。另一方面,在规划结构时,必须考虑产品的用户市场和自己的资本投资。

2.内容

对信息架构中内容的选择和理解,不仅仅是文字内容的片面内容,而是包括了信息架构中所需要用到的文档、应用程序、服务、模式以及人们在对此系统使用时需要查找的源数据等在内的"材料"。当对一个系统进行观察和研究时,对其所包含的内容,可以从以下方面进行理解。

(1)内容所有权

一个系统的信息架构是由无数庞杂的信息构建而成,那么在内容选择和创建时,内容的所有权是归属于谁的,是在进行信息架构内容选择时要考虑的要素。要分辨所选择的内容是归内容创作小组所属的,还是细化到了某个部门,抑或是通过外部信息提供者所授权获得的。从某种程度上而言,用户自身生产内容的多少将影响着其在某些层面上的控制权。毕竟由自身创作的内容,在使用时会有更多的权利,而借鉴了他人的授权内容,在应用的各方面都会存在一定的局限。

(2)内容格式

当前对于部分组织而言,数字格式获取方式一般统一在网站或企业网络获取,对于不同内容所进行的数字格式选择,是在进行信息架构时需要考虑的内容。

(3)文档结构

之所以要进行信息架构,就是要对庞杂的信息进行统筹和规划,那在内容架构时对文档结构的创建和选择十分重要。毕竟所有文档的重要性不是相同的,如何通过合理的规划,将重要的文档凸显,同时兼顾到其他文件的存在,真正构建方便管理者进行管理和访问的内容,是需要考虑的。

(4)元数据

元数据是用来描述数据的数据。假设现在用个人身高 183 cm,体重 70 kg,性格温和礼貌等信息来描述一个人,可以通过数据和行动来感知这个人的大致形态。而"身高""体重""性格"等名词便是"元数据"。

(5)内容数量

顾名思义,内容数量就是指在对某一系统进行信息架构时所包含的各类内容的多少,包括网页、文档、存储、应用程序等多方面的数量。

(6)内容动态性

对一款产品的信息架构和运行是需要根据时代的发展不断进行完善和更新的,信息架构所采用信息库中的数据也会随着时间的推移过期、过时。那么在信息架构进行内容设定时,便需要对内容的动态性进行考虑,包括内容的增长率、周转率等。

3. 用户

了解信息体系结构的用户很简单,是"人",甚至可以把自己看作用户。在任何情况下,都将执行信息体系结构以满足用户的需求。例如,制作移动电子书,就要满足用户的阅读需求;构建浏览器需要满足用户对知识回复的需求。在进行信息架构的过程中,必须深刻理解用户的需求和偏好,甚至在使用类似产品时遇到过的困难。只有以此为参考和基础,才能构建更加适合用户、真正满足用户需求的信息体系结构。

【活动实施】

小组讨论分析现阶段关于网络信息架构三要素的特点,为后续实现信息架构做准备。

任务二 网络信息架构内容及形式设定

网络信息架构内容及形式设定

【情境设计】

课程进行到此刻,同学们掌握了网络信息架构的关键要素,不知不觉中对进行网络信息架构的过程有了更高的重视,也认识到想要真正的融入这个行业,还需要不断地进行学习。于是带着第二个任务——网络信息架构内容及形式设定来到了本章节,希望能够继续深入学习。

【任务分解】

网络信息架构实现形式、网络信息架构模型初探。

活动 1:网络信息架构实现形式

【活动背景】

网络信息技术的快速发展给世界带来了巨大变革,信息化条件下呈现出体系对抗的鲜明特征,网络信息体系建设面临挑战和机遇,成为重大课题之一。

【课前引入】

如果网络信息体系结构的三个要素教会我们如何集成信息,那么网络信息体系的实现形式就教会了我们如何进一步展现集成信息。互联网是动态发展的,网上发布的信息也随着复杂多变的环境而变化。如何实现网络信息体系架构,怎样进一步完善信息体系结构,是本活动要学习的内容。

【知识窗】

关于网络信息架构实现形式的讨论,必须建立在充分考虑到场景、内容、用户的基础上进行,这是保障信息架构有效的根本。

与此同时需要认识到,无论是网站、企业网络还是应用程序的信息架构,都应该是适用于广泛场景的、非静止的。基于此架构基础上所运行的系统是具备新时代特质的、能够适应复杂多变的环境的。可以这么说,优秀的信息架构一定是从以上三个方面入手,且保持动态发展的。

在进行信息架构时,首先把所遇到的问题分为需求、内容、情景三个部分,配合每个部分所相关的内容进行问题重要特征的思考,答案也就变得简单,问题得到解决后优秀的信息架构也就随之产生。

【活动实施】

分小组在大范围主题下进行数据挖掘、数据融合、数据可视化、数据加密以及数据分发等一系列操作,以特定的技术体制和标准规范对其进行结构化、标准化。

活动2:网络信息架构模型初探

【活动背景】

任何事物的发展运行都是有规律的,在对网络信息进行架构时,我们可以依靠一些现有的模型进行思维发散,根据所需架构信息的特点选择适合此架构的模型,通过模型的串联,将对网络信息架构的思维进行记录关联,用于后续对信息内容的整合。

【课前引入】

提到思维导图,相信同学们都不陌生,且已经在之前的学习和累积中掌握了一定的思维导图绘制方式。在学习本节内容前,可以设想一下,如果现在让你去报道一则全国两会的相关新闻,你应该如何进行信息的收集以及汇报的生成,可以尝试用思维导图的方式绘制一下。

【知识窗】

在可选择的信息架构模型中,组织结构图与树状组织结构图是较为常用的思维串联模式。

在进行信息架构时,想要做到不遗漏重要信息,必须注重对细节的架构。而想要更好地理清细节,便可以以思维导图的模式制作模型,通过层层深入分解所要架构的内容,随着层次的深入,所能挖掘到的细节便越多。

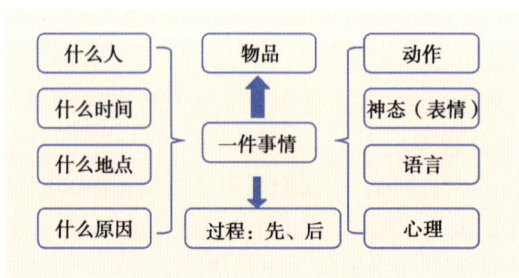

　　具体操作时可以从准备一张空白纸开始,先将信息架构的中心主题写至白纸中心,而后围绕中心主题发散写出多个次主题,继续围绕次主题发散写次次主题。在进行架构时,可以选择用自然弯曲的线来连接每个"母主题"和"子主题",这个过程中也会诞生很多新的创意。

　　以小明在擦瓷砖为例,分解对这条信息架构时可以展开的细节。

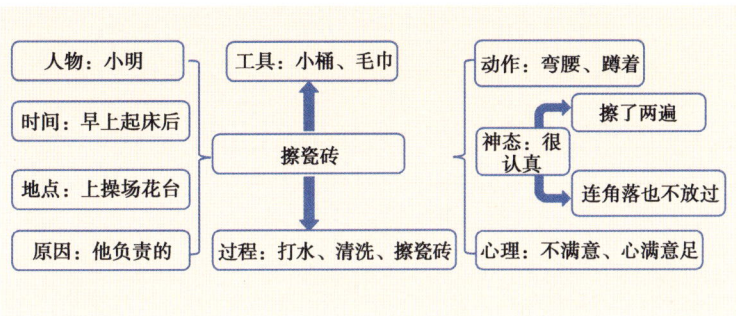

【活动实施】

　　分小组探讨除思维导图外,是否还有能够进行网络信息架构的方式。

项目三评价考核

表一　专业能力考核表

项目三:策划网络信息架构		日期:　　年　　月　　日			考评员签字:				
姓名:		学号:			班级:				
策划并模拟新闻网站信息架构	掌握其定义	信息架构情景	信息架构内容	内容所有权	内容格式	文档结构	元数据	内容数量与动态性	信息架构用户
熟悉网络信息架构内容及形式,并详细陈述	①网络信息架构实现形式是哪几个方面? ②在进行信息架构时遇到难题如何解决? 分成几个步骤? ③如果进行网格信息架构模型构建? ④思维导图常见的形式有哪些?								

表二　评价考核评分表

评分项	内容	分值	自评	互评	师评
职业素养考核(40%)	积极主动参加考核测试教学活动	10分			
	团队合作能力	10分			
	交流沟通协调能力	10分			
	遵守纪律,能够自我约束和管理	10分			

续表

评分项	内容	分值	自评	互评	师评
专业能力考核(60%)	策划并模拟新闻网站信息架构	20分			
	熟悉网络信息架构内容及形式,并详细陈述	40分			
得分合计					
总评	自评(20%)+互评(20%)+师评(60%)=	综合等级		教师(签名):	

项目四　整合网络信息架构要解决的问题

【项目综述】

网络时代的飞速发展为人们阅读提供了很多便利。人们阅读信息的方式逐渐与纸质书等原始载体分离。当人们想阅读信息时,他们不需要浏览特定场景的信息。他们可以使用移动设备在琐碎的时间内获取和咨询信息。互联网具有多渠道、多场景的特点。在网络信息架构和发布过程中,如何确保用户在网上快速查询想查询的信息,而且过程易于查找和理解,是网络信息架构需要解决的问题,也是本项目的重点。

【项目目标】

通过本项目的学习,应达到的具体目标如下:
(1)知识目标
◇了解网络信息过载等网络信息架构要解决的问题
◇探索网络信息架构可持续发展策略
(2)技能目标
◇搜索新闻资料并策划内容进行发布
(3)思政和素养目标
◇提升学生获取信息的能力
◇提高学生媒介素养
◇培养学生创新精神

【项目思维导图】

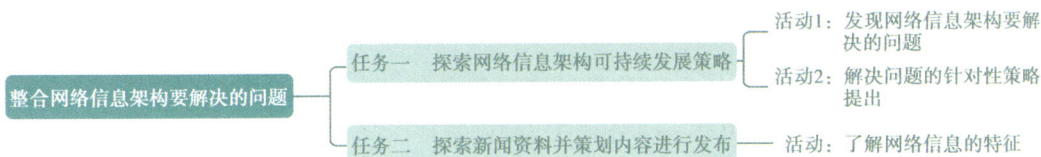

整合网络信息架构要解决的问题 ─── 任务一 探索网络信息架构可持续发展策略 ─── 活动1：发现网络信息架构要解决的问题

活动2：解决问题的针对性策略提出

任务二 探索新闻资料并策划内容进行发布 ─── 活动：了解网络信息的特征

任务一 探索网络信息架构可持续发展策略

探索网络信息架构
可持续发展策略

【情境设计】

任何事物的建立以及运营都是需要针对性的策略进行方向把控的,学习网络信息架构的相关知识并非阶段性的,伴随着互联网的发展,网络信息架构的特点也是不断变动的,甚至未来发展方向是不确定的。因此在学习网络信息架构的相关知识时,必须站在长远发展的角度来考虑信息架构的方法及策略,用可持续的眼光看待,才能最大化确保所建构的信息内容能够尽可能地跟上时代需求。

【任务分解】

了解网络信息过载等网络信息架构要解决的问题及科学策略的提出依据。

活动1:发现网络信息架构要解决的问题

【活动背景】

"网络热词"是指随着网络的发展,在不同阶段产生的热词。它们往往成为不同阶段的主题,吸引了大多数网民的注意。因此,一些记者在创作新闻时使用了热门词汇,引起了网民的阅读兴趣。但随着时间的推移,网络上的热门词汇将永远被遗忘,新的热门词汇也将出现。浏览老新闻时,人们很可能不理解热门词汇的意义。这给我们的启示是,信息架构也应该从长远的角度来看。

【课前引入】

有一条标题为"宁夏银川发现一鼠疫病例,牛羊交易市场关闭"的新闻需要你进行发布,思考在发布时你所设置的关键词可能有哪些。

【知识窗】

1. 认识网络信息过载

信息过载也被称为"信息过剩""信息过量""信息焦虑",一般是指社会信息的内容超过了个人或是系统的接受处理范畴。网络信息过载则是指面对海量庞杂的互联网,人们无法在海量的信息中找到自己所需要的内容,搜索过后得到的内容充斥着垃圾、虚假信息,网页上的超链接形式的弹窗广告分散着用户的注意力,同时大量的信息也导致用户无法及时提取有效信息,造成浏览、工作效率的降低。

2. 网络信息过载原因分析

网络信息过载主要与宽松的信息环境、对混乱的网络信息的控制力、网络信息检索模式的延迟和用户获取信息的能力密切相关。

(1)网络环境太宽松

目前,为了规范网络环境,国家和政府制定了网络管理规则和方法,在很大程度上对网络环境起到了限制和控制作用。但从网络飞速发展的总体情况来看,对应的法规可能存在不完善或者稍滞后的情况。在互联网上搜索信息时,仍然会出现虚假、重复信息以及垃圾邮件等。

(2)网络信息失控

在网上发布信息具有自由的特点。在每个人都是信息发布者的时代,每个大型平台都有自己的"机器手册"审计部门,但审计部门在面对大量网络信息时,不能令人满意地处理所有类型的信息内容,从而可能失去对某些网络信息控制力,无法有效地对信息进行分配、管理和存储。

(3)网络信息检索模式滞后

常见的网络信息检索方式的最大特点是"大量"。除了百度、谷歌等主要平台外,有些平台还处于初级阶段。也就是说,用户在这种平台上搜索时,信息的准确性低,相关性差,可能无法满足用户查找的需求。

(4)用户信息获取能力有限

在网上搜索信息时,平台和网站一方面要具备满足用户需求的存储能力,另一方面要能让用户准确地搜索"关键词"。但目前主要平台之间收集、检索、排序信息的方式不同,用户如果不了解平台的特点,就不能准确地提供"关键词",所获取的信息可能无法满足个人需求。

3. 解决网络信息过载的方法

由此可见,加强对网络信息过载的预防和控制是网络信息结构需要解决的问题之一。今后国家、政府和社会必须继续努力,共同创造规范的网络信息环境,有序整合网络信息资源。同时,各平台应不断完善信息过载防范技术研究,为用户提供个性化的采集和传输服务。用户自身也应不断提高信息素养,明确在网络上搜索信息的目的,通过有效的搜索,找到需要的信息源,实现高效的信息获取。

【活动实施】

针对不同搜索需求(网购、新闻发布)设置关键词并说明原因。

活动 2:解决问题的针对性策略提出

【活动背景】

九龙坡区是重庆市重要的都市旅游目的地之一,围绕"三高九龙坡、三宜山水城"总愿景,正以"江山多娇城·龙凤呈祥地"书写九龙坡区全域旅游超级版的精彩华章。如何围绕全域旅游这一目的,采取何种路径、策略、保障,使九龙坡区全域旅游超级版实现全域、超级、文旅融合,是当前最为紧迫的问题。

【课前引入】

对九龙坡旅游发展的"十四五"规划进行全面系统的报道,全面总结九龙坡全域旅游发展的优势与劣势,机遇与挑战,完成一篇高质量的报道。

【知识窗】

对于重大事件的新闻策划,有必要根据宣传对象群体制定宣传计划,确定主要矛盾,明确目标。以九龙坡旅游发展为例,首先要分析其存在的问题,结合分析结果提出解决问题的针对性策略。

重大事件、活动的宣传策划形式也要有针对性,不同的媒体形式要采用不同的宣传形式。新闻策划的内容还辅助媒体采访、制作和分配。为了有效地向大众传播信息,媒体的选择非常重要。不同的媒体有不同的宣传和策划形式。重庆市九龙坡区的主流媒体是报纸、杂志、电视等传统媒体和以融媒体中心为载体的新媒体矩阵。电视、报纸媒体主要以事件报道为主,例如《九龙艺术半岛建设取得重大进展》,杂志则擅长周期较长的深度报道,图文并茂地介绍九龙坡旅游"十四五"规划的方方面面。新媒体矩阵更偏重于接地气的吃喝玩乐内容,从消费者的角度寻找热点,报道热点,形成话题热搜,吸引流量人气。

【活动实施】

小组可通过访谈中反映的现象或问题,用科学的方法评估和客观分析问题的深层原因。

任务二　搜索新闻资料并策划内容进行发布

【情境设计】

2022年,冬奥会正在如火如荼地举办,正在为考试做准备的小丁同学接到任务,老师要求他及时搜集关于冬奥会赛事的各项比赛成绩并进行新闻报道,面对庞杂的比赛项目和多样的比赛类型,小丁同学一时没了头绪。如何搜索新闻资料并进行策划和内容发布看似简单,实际却很有内涵,必须通过系统的学习才能掌握相关内容。

【任务分解】

通过了解访问网络信息的多种方式、认识网络信息的场所以及网络信息的各项特质来全面了解网络信息的呈现,进而在此基础上开展新闻资料的收集整理以及策划发布。

活动：了解网络信息的特征

【活动背景】

互联网飞速发展的时代可以说是"信息爆炸"的时代。在这些特征中,访问网络信息的方式并不局限于固定的场景。市场上已经出现了多种规模小、价格便宜的移动网络设备,场景传播已经成为网络信息获取的发展趋势。例如,随着移动设备的电子书功能的出现,人们可以在一台设备上阅读大量书籍,或在多台设备上同时打开一本书,也可以方便地利用琐碎时间进行阅读,完全打破了阅读纸质书的时间和地点限制。这表明,在网络时代,信息(书籍内容)不仅与固定的载体(纸质书籍)分离,而且与获取的场景(图书馆)分离,即"场景扩散"。

【课前引入】

互联网时代的场景扩散可以看作是信息去物质化,这样的情况不仅发生在书籍的阅读中,它已经渗透到了人们生活的各个方面。比如进行超市购物时,无须去到商店内,通过扫描商店在他处提供的二维码,也可实现线上购送货上门,这样的方式不仅节省了用户去到商店的时间,还有效增加了商户的收入。

可以说,在网络时代,人们不仅要处理比以往更多的信息,还要适应网络的迅速发展所产生的场景的传播。对于平台和企业来说,考虑用户如何通过情景参与、为用户提供更好的体验是一个问题。

【知识窗】

1. 网络信息构成的场所

如上文中所提到的,信息过载和场景扩散成为当前信息架构要解决的问题,互联网时代关于信息和服务体验产生的场所、时间和设备发生变化,有关于网络信息构成的场所便成为了不得不关注的存在。用户在使用一款应用时,即是处在信息构成的场所中。为了提供更舒适的使用体验,在与产品进行交互时所使用的语言的差异性,以及产品标签、菜单、描述、视觉元素、内容、语言和产品、服务间的关系,都可以通过优化来营造更利于用户理解的环境。

例如一款菜谱类网站和一款二手车网站,它们所用的语言是有差异的,应用搜索进行检索的关键词也毫无关联。这种语言的差异所分出的关键词,是用户在使用应用时能够更高效获取想要信息的方式,即语言的差异性能够帮助不同应用定义,为用户打造通过访问来获取信息的不同"场所"。

2. 网络信息渠道的一致性

网络信息渠道的一致性是指对同一款信息架构,应用到不同媒体、环境和使用中时,应该保持其逻辑的一致性。可以理解为,将一个在电脑网页端运营良好的导航结构移动到手机上时,虽然它的运行方式甚至布局发生了改变,但用户在手机端使用时仍然能获得和网页版一致的使用体验。

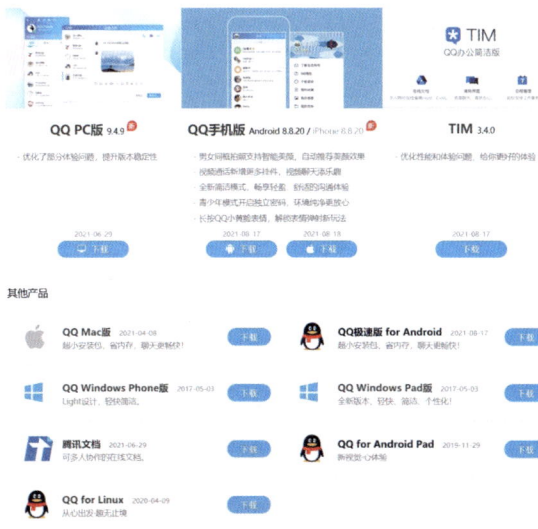

随着互联网的发展和科技的进步,获取部分信息的渠道往往不限制在一台设备上。移动

客户端由大网站的应用程序设置。例如,人们常用的通信软件 QQ 有简单的网络版和电脑客户端,甚至根据手机和平板电脑的不同,制作了适应不同的移动终端的版本。尽管页面的布局和结构因不同端口而异,通道的特性和限制也不同,但在使用应用程序时,人们仍然可以对其语义结构感到熟悉。即无论使用哪一版,用户体验都是一致的。

3. 网络信息结构的系统思考

信息体系结构是对复杂信息的总体规划。在进行网络信息架构的过程中,只考虑一个抽象层次的操作和设置,无法完成理想化的信息架构。只有进行系统思考,结构化信息系统才能真正适应不同层次的需求。

如上所述,同一产品或系统有多种使用途径。而且,在产品的信息结构中,如果我们不能真正理解产品和服务对用户的影响,不能考虑产品在运行时会影响其他系统的交互,我们不仅不能制造可以应用于不同交互渠道的产品,该产品也将无法在不同的交互渠道之间提供一致的服务。

以 QQ 为例,假设存在 Web 版本和客户端,需要设置移动应用程序,在构建移动应用程序的信息结构时,不仅要考虑适合移动操作的结构和功能风格,还要考虑提供的功能与其他版本相匹配。然后考虑到版本之间的交互方式,在 Web 版本和客户端的应用基础上构建移动应用程序,满足用户的需求。

如果脱离 Web 版本和客户端,创建新的应用程序,该应用程序满足功能要求,但在功能、样式和交互体验方面与 Web 版本和客户端没有任何关系。以这种方式构建的系统结构和应用程序在一定程度上是适用的产品,但完全脱离了构建的起点,不是同一产品系统的合格产品。换言之,在进行信息架构的过程中,不仅要考虑高层次和抽象的模型,还要创建大量低层次的业务,创建能够被发现和理解的信息架构,创建理想有效的服务。这应该以系统的思考为基础。

【活动实施】

采访某网红餐厅,请思考如果将与之相关的新闻发布到短视频平台和微信公众号,你将如何选择新闻素材、制作关键词和标题,请小组配合制作,模拟发布到网站、公众号等多平台。

项目四考核评价

表一 专业能力考核表

项目四:整合网络信息架构要解决的问题	日期: 年 月 日		考评员签字:
姓名:	学号:		班级:
探索网络信息架构可持续发展策略	①发现网络信息架构要解决的问题有哪些？举3个例子进行说明。 ②认识网络信息过载的定义,并能阐述。 ③网络信息过载的原因有哪些？请逐一阐述。 ④解决网络信息过载的方法有哪些？		

续表

项目四:整合网络信息架构要解决的问题	日期：　　年　　月　　日	考评员签字：
搜索新闻资料并策划内容进行发布	①网络信息的特征是什么？ ②网络构成的场反有哪些？请举例说明。 ③什么是网络信息渠道的一致性？ ④如何具备网络信息架构的系统化思维？	

表二　评价考核评分表

评分项		内容	分值	自评	互评	师评
职业素养考核(40%)		积极主动参加考核测试教学活动	10 分			
		团队合作能力	10 分			
		交流沟通协调能力	10 分			
		遵守纪律,能够自我约束和管理	10 分			
专业能力考核(60%)		探索网络信息架构可持续发展策略	30 分			
		搜索新闻资料并策划内容进行发布	30 分			
得分合计						
总评	自评(20%)+互评(20%)+师评(60%)=		综合等级		教师(签名)：	

项目五　网络信息架构详解

【项目综述】

关于网络信息架构的知识,宛如浩瀚的知识海洋。每当我们学习一项新的技能,认为能够完成信息架构的相关工作时,就会发现需要学习的内容还有很多。例如本项目中所涉及的网络信息架构详解,便是进一步将网络信息架构相关知识进行了深入剖析,从网络信息架构可视化和网络信息架构组织的原则出发,再一次深入学习网络信息架构的相关知识。

【项目目标】

通过本项目的学习,应达到的具体目标如下:

（1）知识目标

◇初步了解网络信息架构可视化

◇认识网络信息架构组织原则

（2）技能目标

◇学习专题可拓展性内容延伸

◇以实践为主开展网络信息架构工作任务实训

（3）思政和素养目标

◇建立信息可视化审美素养

◇提升信息辩证筛选能力

◇深化团队协作能力

【项目思维导图】

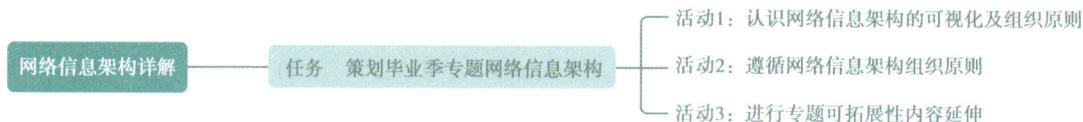

网络信息架构详解 —— 任务　策划毕业季专题网络信息架构 —— 活动1：认识网络信息架构的可视化及组织原则
活动2：遵循网络信息架构组织原则
活动3：进行专题可拓展性内容延伸

任务　策划毕业季专题网络信息架构

策划毕业季专题网络信息架构

【情境设计】

在上一次的任务中，曾经提到小丁同学接到了要整合冬奥会相关资讯制作新闻的任务，为确保任务能够顺利完成，小丁同学准备选取一项其他新闻专题作为练习，在过程中进一步了解网络信息架构可视化、组织原则的相关知识，增强知识积累，提升关于新闻信息整合的各项能力。

【任务分解】

初步了解网络信息架构可视化、遵循网络信息架构组织原则。

活动1：认识网络信息架构的可视化及组织原则

【活动背景】

对于学生而言，每年毕业季都是热门的"活动时间"，在老师的建议下，小丁同学决定以毕业季为主题,进行一次信息整合与报道,希望在本堂课程中能够得到同学们的帮助,共同探讨以毕业季为主题的专题网络信息架构应该如何完成。

【课前引入】

关于毕业季主题的新闻实际上也是涵盖了多个方面的,有学校的校园招聘、入职培训、毕业典礼,也有关于就业的各项新闻信息,那么你认为在进行毕业季专题网络信息架构时,应该对哪些信息进行整合? 相关信息展示时应该以什么样的风格呈现? 请从学生的角度出发进行思考。

【知识窗】

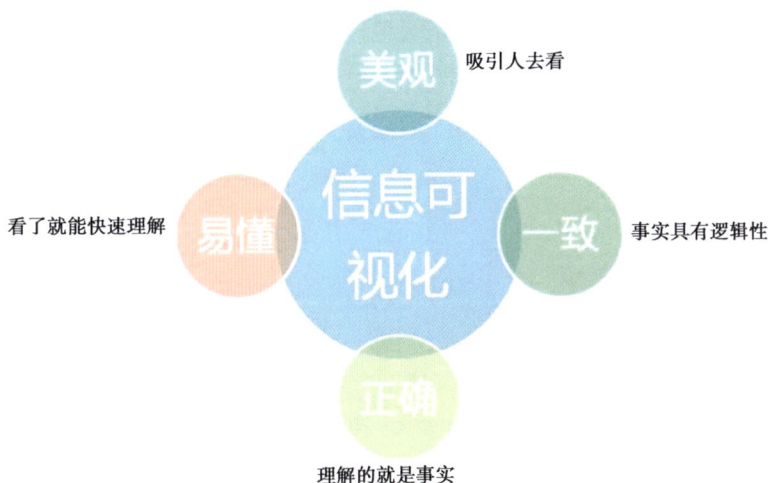

1.网络信息架构的可视化

网络信息架构的可视化是一个较为模糊、抽象的概念,可以通过产品或者网站的视觉创意来进行理解。打开一个网页时,该网页所展示的色彩、字体、图像、设计、排版等内容都是会吸引用户注意的点,它们的存在虽然不是对信息的架构,但却让信息架构"可视化"。

以北京大学的校园官网为例:

官网系统通过顶部菜单栏、左右两侧的区块将与学校相关的内容进行了内容分类;顶部菜单栏下拉的小菜单,充当着协助用户在内容中切换移动的导航作用;右上角的搜索系统能够让用户更便捷地搜索自己想在官网获得的内容;右上角语言标签方便不同语言的切换,体现了标签系统存在的作用。而在内容设计上,"学习贯彻总书记'七一'重要讲话精神""决战决胜脱贫攻坚""北大研究生教育探索与实践""这里视北大"四个不同类的专题能让用户清晰地找到想了解信息的分类。

2.网络信息架构的组织原则

在以内容为主的系统或网站上,信息架构的存在,能够方便用户更高效地查阅浏览网站的相关内容。这个过程进行时,要求信息架构创建分类体系,对此可以将其分作自上而下的网络信息架构和自下而上的网络信息架构。

（1）自上而下的网络信息架构

自上而下的网络信息架构依托的是由战略层进行驱动,一步步细分到每个功能的特性。在网站上所呈现的标签、导航等系统都是系统地代表网站的内容,想要细化了解内容,需要一步一步地移动进行探索。

浏览北京大学的官网时,想要了解其招生状况,需首先点击顶部菜单的招生关键词,而后页面跳转会出现"本科生""研究生""留学生""继续教育"等多类细化的关于招生的词条,选择"本科生"进入后,只能了解到关于本科生招生的"报考必读""强基计划""筑梦计划""港澳台侨"等再次细化的类目,这种信息架构就是自上而下的信息架构模式。

（2）自下而上的网络信息架构

随着互联网的快速发展,以及信息库的信息不断增多,在搜索引擎进行关键词搜索时往往会得到繁多的数据信息,细节性的东西往往会被忽略,搜索出的内容准确率会降低。也正因为此现象的产生,自下而上的网络信息架构出现在人们视野中,这种模式的架构是根据内容和功能需求的分析而得出的,有"筛选"的感觉。

其实这个结构非常好理解,假设当前正在浏览一款菜谱类网站,可以看到其自身已经细化了各种食材的分类,只需要点击一下你想要选择的食物,就可以获得关于此项关键词的多项内容。比如点击[土豆],就可以获得包括"小土豆烧排骨""酸辣洋葱土豆丝"等多类与[土豆]相关联的菜单,同时也能看到土豆的功效与作用、食物相克表,具体选择使用哪一套根据自身的需求而定,这样的呈现方式就是自下而上的信息架构。

无论是自上而下的网络信息架构还是自下而上的网络信息架构,它们的存在都不是完美的,都有一定的局限性。自上而下的网络信息架构往往容易忽略细节性的东西,用户在进行网站浏览时只能根据需求一步一步进行摸索,在精准度上有一定的欠缺;自下而上的网络信息架构,又因为过度精确地反馈内容,导致无法灵活地容纳一些可变动或增加的内容。因此当你需要在两种结构中做选择时,应该更进一步地明确自身所想表达的内容信息的特点和需求,才能进一步选择适合的方式。

【活动实施】

①如果学校需要在官网建设关于毕业季相关的专题,选择哪一种信息架构方式更合适?请说明具体做法。

②分别列举3个你所了解的自上而下、自下而上的网站或应用。

③两会期间,有用户想要在某新闻网站了解网站所报道的一位代表的发言信息,大概需要几步能够完成? 请详细说明选择步骤。

活动2:遵循网络信息架构组织原则

【活动背景】

新闻策划在网络新闻报道中的角色也越来越重要,对于突发性新闻事件更是如此。好的新闻策划可以让一个专题报道更加深入全面,吸引受众,从而使媒体在竞争中处于有利地位。在第23届中国新闻奖中,四川新闻网"致敬! 7.21暴雨考验下的中国良心"专题报道以独特的视角、特色的版面设计、媒体联动的传播方式使人眼前一亮,本章将以该策划专题作为典型案例进行分析,探讨网络专题策划的基本原则和方法。

【课前引入】

在网络时代,由于新闻信息传输速度加快,媒体之间的报道时效的竞争也日趋激烈,为了更广、更深、更快地全面报道某个新闻事件,媒体之间,或者媒体多个部门之间,往往采取携手报道的方式,媒体之间联动报道,共享新闻资源,实现多方共赢。联动式报道是一种创新的报道模式,只要制定了很好的报道策划和选题,有良好的组织协调机制,保证报道计划的如期落实,就可以起到出奇制胜的效果。

在专题报道中,四川新闻网除了派出特派记者深入一线进行采访外,网站各部门迅速立体联动推进报道进程:麻辣社区发布相关帖文引导网友热烈讨论;官方微博和四川手机报刊登相关报道及时评扩大宣传深度和广度;地方频道赴南充、遂宁两地对救人民工家乡的干部群众、亲人进行深度采访,全面反映川籍民工家乡党委、政府和当地群众的热烈反响,积极宣扬社会正能量,扩大了川籍救人农工群体感人事迹的社会影响力。

其次,充分发挥网络的超文本结构和新闻聚合等功能,以及大容量、多媒体、交互性等特征,构建明晰丰满的专题架构。四川新闻网在报道中,通过微博、四川手机报等多家媒体的联动,使得报道范围更加全面,并且每天确定一个报道主题,进行专题式的深度报道,可以有效打破时空局限,使新闻报道实现全天候的更新,报道过程持续性更强,报道视角更加多样,选题也更具吸引力。因此也是前方、后方,时政、地方,新闻、论坛评论、手机报等跨部门、跨区域联动,高效运作、通力合作的成功范例,极大提升了网站的传播力、影响力。

【活动实施】

在网页中设置"微言大爱",及时地反映媒体等各个群体的声音,用群众真实的话语,深度阐述感恩奋进的精神实质。

活动3：进行专题可拓展性内容延伸

【活动背景】

当今我国社会的各方面都呈现出快速发展的状态，无论是经济、文化还是科技，都呈现出突飞猛进、日新月异的发展状态。在这样的发展速度中，大众的需求和偏好也是不断发生变化的，这也就导致大多数信息环境是处在动态和短暂的状况中的。

【课前引入】

以上一项活动的编辑专题活动信息架构为例，学生们在浏览时往往会通过手机、电脑两种方式进行信息浏览，而在用手机进行浏览时，则有可能进入到学校官网、学校公众号、微博账号等平台浏览，由于不同平台的呈现方式存在区别，在进行专题整合时，就不得不考虑到多平台的需求，这里涉及的知识就是专题可拓展性内容延伸。请帮小丁同学想想办法，此类专题应该进行怎样的延伸呢？

【知识窗】

但这种快速变化并不是全面辐射的，用我们常见的微信和QQ举例，近年来两者在图标和内部视觉创意上进行过多次更新，但其主要的基础信息结构，仍然保持相对稳定的状态。虽然新的功能在不断开发，但原有的联系人分布、朋友圈位置、各项设置的存在都是不变的。这个过程中的变与不变，取决于用户对其信息结构的适应，以及对流行视觉体验的需求。就像我们住在一栋建筑中，房子本身的坚实构造能够为我们提供满足生活所需的居住体验，但生活中我们在审美和物质的需求方面不断更新和变化，这个时候就会不断地更换家中的家具和家具位置。房子的建造和内部的构造可以将其看成不同的"层"，人们对每一层的需求不同，这影响着其更换的速度。

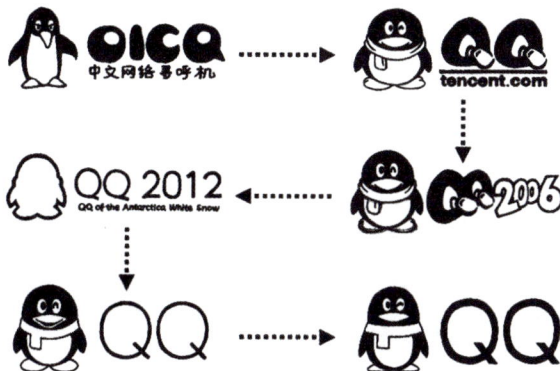

　　如下图所呈现的"强国有我"新闻,分别取材于中国共青团的官网和共青团中央的公众号,可以看出同一信息在不同平台有着不一样的标题和文字叙述,但我们又能清晰地看出两条信息表现的是同一内容,这是内容制作者,根据不同平台用户观看信息时的视觉体验和需求进行的特殊设计,各类平台就如同房子对于家具和家具位置的变动与升级,而实质上架构出的信息内容仍然是同一主题。

　　在组织架构中,信息环境也是随着时间的推移以不同变化的"层"构成的,这对于信息结构来说,是十分重要的。在进行架构的过程中把握不好度,很容易出现"过于灵活"或"过于僵硬"的信息环境,无论是哪一种都不是理想的状态。最理想的是处于两者之间:环境可以适应改变,但其目标和可控性是清晰的。

　　想要实现上述诉求,找到"灵活"和"僵硬"间的平衡点,则需要在产品运行的过程中对其不同"层"的变化率进行划分,让各个模块间相互关联又彼此独立,更能适应信息环境的变化。以百度为例,它有着很多子网站,每个网站都拥有自己的域名和身份,包括"百度翻译""百度图片""百度知道"等多个板块,这样的划分既实现了各子网站的独立运行,能够让百度继续拓展新的产品和板块,又与百度形成关联,以整体的形式对外展示,这就是把握到了"灵活"与"僵硬"间的平衡。

【活动实施】

①以实践为主开展网络信息架构工作任务实训,小组以实践配合方式完成课程内容的学习。

②小组合作策划毕业季专题网络信息架构。

项目五考核评价

网络信息架构工作任务实训

表一　专业能力考核表

项目五:网络信息架构详解					日期:　年　月　日			考评员签字:	
姓名:					学号:			班级:	
了解可视化定义及组织原则的种类	网络信息架构可视化定义	色彩分析	字体分析	图像分析	设计风格分析	排版分析	组织原则定义	举例说明自上而下的架构	举例说明自下而上的架构
	□完成 □否	□完成 □否	□完成 □否	□完成 □否	□完成 □否	□完成 □否	□完成 □否	□完成 □否	□完成 □否
完成策划毕业季专题网络信息架构。在实训操作的基础上,熟悉4个问题的内容,并从中任意抽取1题,作详细陈述	①分析"强国有我"新闻架构在共青团官网和公众号上的区别? ②不同平台的专题性内容怎样进行延伸? ③微信与QQ增台的信息可视化有何不同? 区别在哪里? ④"层"的变化率指什么? 请举例说明								

表二　评价考核评分表

评分项	内容	分值	自评	互评	师评
职业素养考核(40%)	积极主动参加考核测试教学活动	10分			
	团队合作能力	10分			
	交流沟通协调能力	10分			
	遵守纪律,能够自我约束和管理	10分			
专业能力考核(60%)	了解可视化定义及组织原则的种类	20分			
	完成策划毕业季专题网络信息架构。在实训操作的基础上,熟悉4个问题的内容,并从中任意抽取1题,作详细陈述	40分			
得分合计					
总评	自评(20%)+互评(20%)+师评(60%)=	综合等级		教师(签名):	

项目六　网络信息架构组织系统分析

【项目综述】

本项目主要学习的内容是网络信息架构组织系统分析,相较于之前所学习的网络信息架构的相关知识,可以将本项目看作是网络信息架构相关知识的延伸与深化学习,在网络信息架构组织系统分析的相关知识学习中,主要涉及网络组织信息面临的挑战、网络信息架构组织方案及其特性,通过本章节深入了解网络信息架构组织的特点,学习相关知识后可在今后网络信息架构学习或工作中规避掉部分不必要的失误。

【项目目标】

通过本项目的学习,应达到的具体目标如下:
(1)知识目标
◇了解网络组织信息的挑战
◇学习组织方案分类及特性
(2)技能目标
◇选择网络信息架构组织方案
(3)思政和素养目标
◇提升学生信息组织能力
◇锻炼学生信息筛选能力
◇建立学生正确信息认知

【项目思维导图】

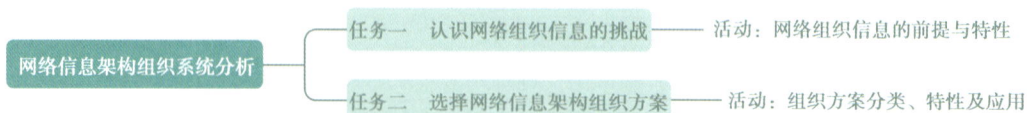

网络信息架构组织系统分析
　├── 任务一　认识网络组织信息的挑战 —— 活动:网络组织信息的前提与特性
　└── 任务二　选择网络信息架构组织方案 —— 活动:组织方案分类、特性及应用

任务一　认识网络组织信息的挑战

【情境设计】

认知网络组织信息的挑战

学习网络信息架构组织系统的相关知识前,首先要对网络组织信息有正确的认识,只有真正了解了网络信息的特性与面临的挑战,才能在进行信息组织架构时规避问题,做到全面考虑。

【任务分解】

了解网络组织信息的挑战与特性。

活动:网络组织信息的前提与特性

【活动背景】

人们对事物的理解能力取决于对信息的组织能力,作为个人而言,你是谁? 你在哪里? 你在做什么? 这些问题便是信息技术的分类系统。组织信息能够帮助人们理解、说明和控制事物,通过组织信息的方式,对不同的群体进行标记、关联、分类,组织信息的方式影响着理解信息的方式。

【课前引入】

在信息体系结构中,组织的信息必须形成大型数据库,让用户能够找到他们需要解决的问题的答案。当用户访问网站时,还将提供免费查询或方向搜索服务。互联网的迅速发展为数字媒体提供了灵活的信息环境。在信息架构的过程中,数字媒体也可以自由地组织和应用。尽管如此,很多数字产品或系统仍然存在"强大导航"和"信息难寻"等问题。这些问题已经成为组织信息时必须面对的问题,也是组织信息面临的挑战。

【知识窗】

事实上,一直以来人们都在和组织信息进行斗争,在早年间进入图书馆借阅图书的方式,还是按照地域划分进行查找,但随着数字媒体的发展,对图书的查阅早已进入数字时代,只需要在相关图书馆的网站或系统中输入想要查看的图书或类别,图书所在的位置便直接呈现,无需再求助图书管理员提供信息。

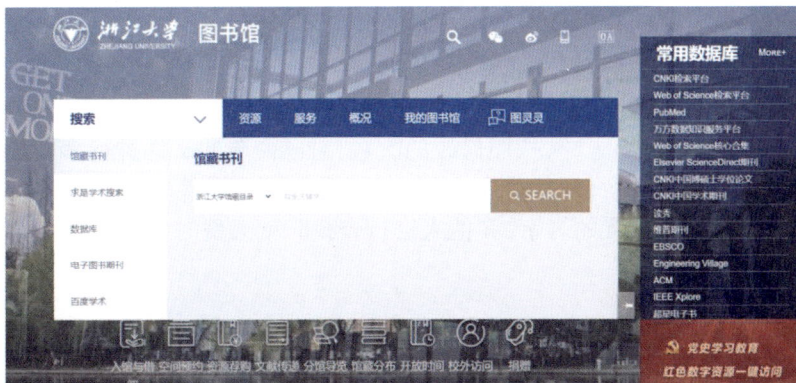

内容增加将推动技术革新。图书馆搜索引擎的兴起标志着人们对抗传统图书情报组织的胜利。但随着互联网的迅速发展，网络信息数据库中分布的内容索引很难重新组织。用户很难在庞大的数据库中准确地检索他们想要的信息，或显示出检索准确性下降的趋势。按照前面的步骤，可以找到相关负责人，调整内容、分割内容、清晰显示、分类、编目。但在网络时代，每个人都是信息的发布者，很难要求信息发布者履行组织信息的责任。这对信息组织来说是一个新的挑战。大量信息难以归类也与组织信息的模糊性、异质性和差异性密切相关。

（1）模糊性

中华文化博大精深，日常生活中常常会出现一词多义的情况，恰是这博大精深的一词多义，给分类带来了一定的困扰。因为分类系统的基础是语言，一旦语言自身是模糊的，对词语的理解无法做到精准定位，那么在分类时便造成了一定的困难。

由于互联网的特性所致，网络语言往往呈现出一定的模糊性，像"骨灰级""驴友""菜鸟""灌水""讨厌（讨人喜欢，百看不厌）"等网络词汇，往往脱离了词汇本身的意义，被互联网赋予了新的含义。再比如句子层面的模糊性，如"猫在那儿"里"猫"的含义，既可能是动物"猫"，也可能是计算机网络中的某种网络设备，还可能是形容人潜伏的动作。类似这样的模糊概念，在分类时由于无法对其进行精准定位，导致出现分类困难。放到庞大信息库的分类上来讲，还要对很多抽象的概念进行分类，当一些词汇或短语出现模糊性的特点时，到底如何分类成为一种挑战。

（2）异质性

异质性是指一种对象或者是由不相关或者不同部分组成的一组对象在某些特征上存在差异。在进行网络信息架构的过程中，因为文化异质性而造成信息传播出现分歧的状况也仍旧存在。生活在不同环境中的人们对于同一个问题的看法，可能会出现不同角度的认知，从而造成文化冲突的现象。

如一条报道"父母因孩子购买价值399元的背包而认为孩子存在攀比心理 导致家庭矛盾出现"的新闻，对此类新闻内容的看法，有人会认为"学生时期以学习为主，没有必要背如此价格的背包"，也有人认为"399元并不是过于高昂的价格，家长应该满足孩子的需求"，这类由于人们生活成长环境、文化认知和价值观的不同所带来的异质性，也对网络信息传播造成一定影响。

（3）差异性

在信息系统中，信息的组织和标签受到创建者的影响。如对标签的命名、内容的组织等，在某种程度上而言，都是由组织者进行选择的。不同组织者创建的内容汇聚到庞大的互联网信息库中，用户在进行搜索时，可能会由于创建者对词汇标签的创建存在差异，一直无法检索到某一部分信息，这也对信息传播造成影响。

这类情况可以理解为不同人对电脑文件的命名，有的人将同一文件的不同修改版本命名为"××××.修改1""××××.修改2"，按照修改的次数，对已命名的文件进行多次命名。而有的人对于临时文件命名较为随意，全凭借个人当下的记忆力，将文件命名成"1""11""2"，这种以个人记忆力为基础随意设置的名字，其他人进行查找时就会费时费力。

【活动实施】

对不同特性网络信息分辨举例。

任务二 选择网络信息架构组织方案

选择网络信息架构组织方案

【情境设计】

在前面的学习过程中,小丁同学掌握了不同特性网络信息的区别,并且能够根据不同的特性对网络信息进行分辨。但如果想要全面了解网络信息架构组织的相关知识,除去认识网络信息面临的挑战外,还要进行组织方案分类、特性及应用等多方面的学习。

【任务分解】

学习组织方案分类及特性,选择合适的组织方案对不同特性信息进行合理架构。

活动:组织方案分类、特性及应用

【活动背景】

面对庞杂的信息库时不能有畏缩的情绪,仍然需要不断完善设定解决此类挑战的组织方案。

【课前引入】

当前经常被人们使用的精确性组织方案,主要有字母顺序、年代顺序和地理位置三种。

【知识窗】

1.精确性组织方案

(1)字母顺序

按26个英文字母的顺序来排序,组织内容是较为常见的组织方式,在进行姓名、格式名称的内容排序时常常会用到字母顺序排列。

（2）年代顺序

对于一些与时间关联性较强且有一定年代顺序的,可以采用年代顺序方案进行排序,比如对旧报纸进行分类归档,还有对一些大事件进行排列时,按照时间发生的顺序进行排列往往会更适用。

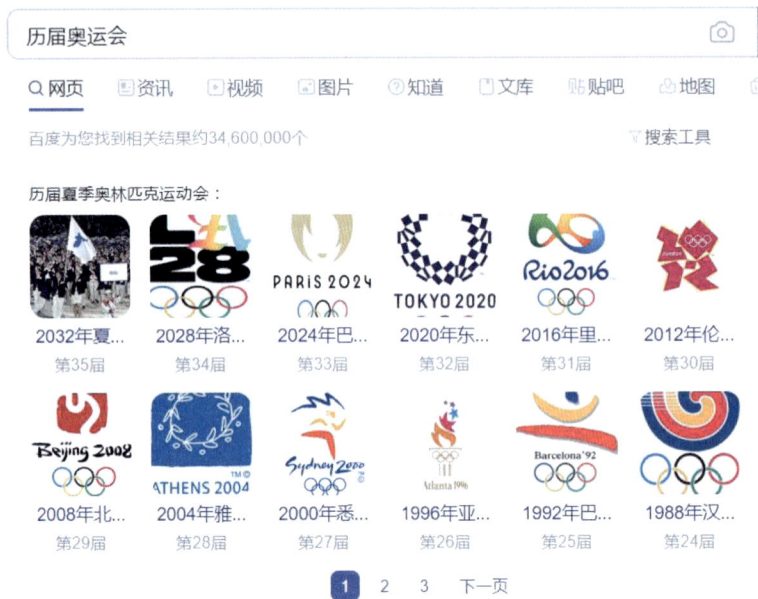

（3）地理位置

随着定位技术的发展,支持地理定位的系统或者网站往往会对本地搜索的内容按地理位置远近排序组织,例如在搜索一家门店时,往往会出现离你最近的那一家。

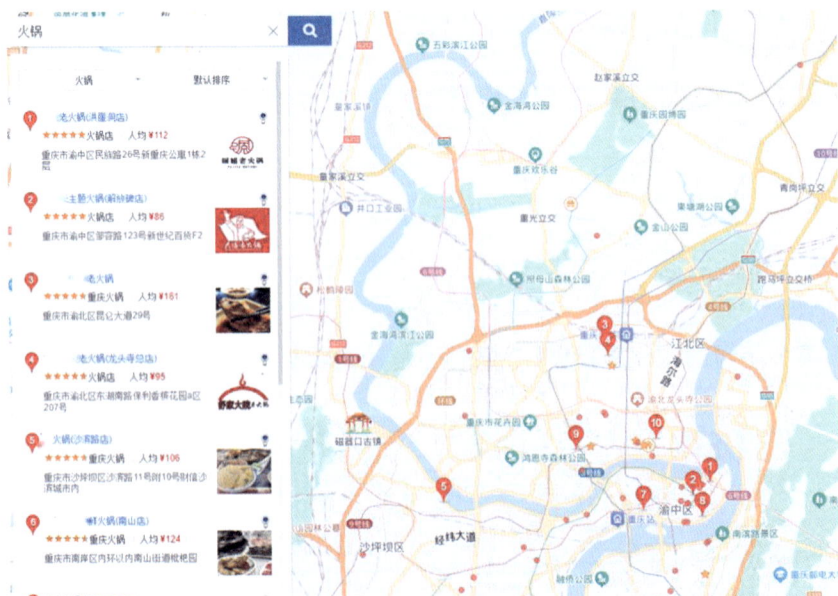

2. 模糊组织方案

对于一些模糊性语言的组织,有时模糊性的组织方案往往更适用。这样的方案需要专业的人员进行设置维护,有针对性地对某一区域的内容分类,方便用户的查找。

(1)主题组织方案

以主题进行分类的组织方案并不陌生,报纸是最常见的按照主题方式组织信息的传播方式。此外关于学校的学术课程与小说等书籍写作时,沿主线进行的内容写作等都属于主题组织方案的范畴。

(2)以任务为导向

这类组织方案能够将内容和应用程序组织成流程功能或任务的集合。例如,当使用Word进行工作时,上方所显示的各类文字排版、颜色、字体等内容,都是围绕着文字开展的功能,这便是以任务为导向的组织方案的体现。

(3)特定受众方案

为特定受众进行信息组织是一种较为可取的组织形式,当前也得到了广泛的应用,包括"网站的VIP制度""未成年分类",以及浏览某些信息资料时"学生/教师/科学家"等不同身份的设定也影响着用户对内容的获取。

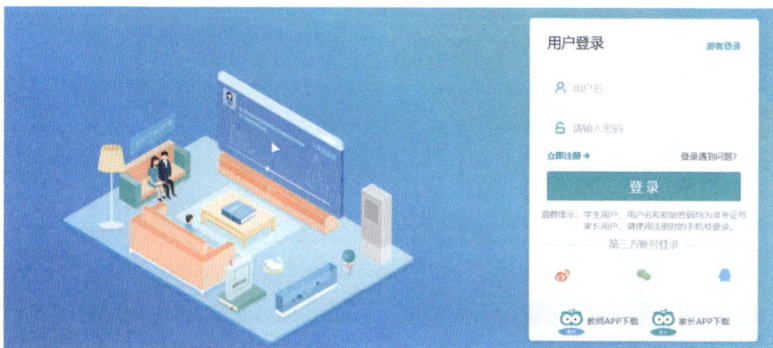

(4)隐喻驱动方案

隐喻驱动方案的官方定义是,通过熟悉的东西来了解新东西。比如计算机的"回收站",承载着你删除的不需要的信息,如果是误删除,在"回收站"还可以找回。通过对"回收"这一熟悉词汇的理解,用户能够清晰地懂得"回收站"这一类别的内容和功能。类似的案例还有微信中的"钱包"功能,支付宝的"百宝箱"功能。

(5)混合方案

顾名思义,混合方案就是将多种方案混合在一起使用,在一些网页的导航表层常常可以看到这样的组织方式,这种浅层次的混合不会产生什么影响。如果对其进行深层次的混合,就可能会带来混乱。

3. 网络信息架构的社会化分类

社会化分类出现的一大原因是在快速发展的互联网时代，真正进行数字体验的主体其实是社交媒体，全员网民的时代，让每个人都能在互联网上分享自己的信息，让每个人都成为信息发布者。社会化分类的代表是自由式标签，即用户可以通过关键词的方式对对象进行标记，例如微博中的"话题"，只需要在某一词汇前后加上"#"，就会自动生成话题，对此话题有兴趣的用户点击进入后便可在此话题下进行讨论。

此外，在此类社交平台上添加的联系人，也允许用户通过增添标签的形式进行标注，虽然是非正式的组织方式，但不可否认有着一定的使用价值。

【活动实施】

选择某一主题，分小组尝试用网络信息架构组织方案进行分类。

项目六考核评价

表一　专业能力考核表

项目六:网络信息架构组织系统分析			日期：　　年　　月　　日			考评员签字：	
姓名：		学号：			班级：		
认知网络组织信息的挑战,规避不足,全面考虑	标记方式	关联方式	分类方式	模糊性概念	异质性概念	差异性概念	
	□完成 □否	□完成 □否	□完成 □否	□完成 □否	□完成 □否	□完成 □否	
	①网络组信息的前提与特性是什么？请简要阐述。 ②标记、关联、分关,这三种信息组织的方式怎么运用？ ③信息组织面临的新挑战与哪些特点有些重要关联？						
选择网络信息架构组织方案	字母顺序	年代顺序	地理位置	主题组织	任务导向	特定受众	隐喻驱动
	□完成 □否	□完成 □否	□完成 □否	□完成 □否	□完成 □否	□完成 □否	□完成 □否
	①组织方案分类及特性是什么？ ②如何选择合适组织方案对不同特性信息进行合理架构？ ③网络信息架构的社会化分类的代表是什么？						

表二　评价考核评分表

评分项	内容	分值	自评	互评	师评
职业素养考核(40%)	积极主动参加考核测试教学活动	10分			
	团队合作能力	10分			
	交流沟通协调能力	10分			
	遵守纪律,能够自我约束和管理	10分			
专业能力考核(60%)	认知网络组织信息的挑战,规避不足,全面考虑	30分			
	选择网络信息架构组织方案	30分			
得分合计					
总评	自评(20%)+互评(20%)+师评(60%)=	综合等级			
		教师(签名)：			

项目七　网络信息架构的搭建

【项目综述】

在前面的项目中,按照系统化的方式介绍了关于网络信息架构的各项知识,从本项目开始,正式踏入网络信息架构搭建的实践环节。相信学习到本项目的同学们脑海中已经有了关于本节课程的信息架构,但是将知识真正落实到实践的过程仍旧需要继续学习。在本项目的学习过程中,将再一次从认识网络信息架构出发,学习认识网络信息架构的搭建过程以及相关步骤和技巧,学习如何将脑中之事落实到实践中。

【项目目标】

通过本项目的学习,应达到的具体目标如下:
(1)知识目标
◇认识网络信息架构
◇学习网络信息架构的搭建过程
(2)技能目标
◇掌握从信息架构策划到形成报告的步骤与技巧
◇学会制作思维导图框架
◇能进行策略报告演示
(3)思政和素养目标
◇培养学生全面思维能力
◇锤炼信息鉴别使用能力

【项目思维导图】

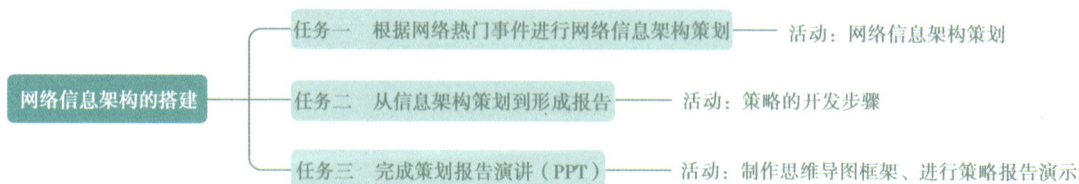

	任务一　根据网络热门事件进行网络信息架构策划	活动:网络信息架构策划
网络信息架构的搭建	任务二　从信息架构策划到形成报告	活动:策略的开发步骤
	任务三　完成策划报告演讲(PPT)	活动:制作思维导图框架、进行策略报告演示

任务一 根据网络热门事件进行网络信息架构策划

根据网络热门事件
进行网络信息架构策划

【情境设计】

学习对热门事件进行信息架构策划首先要明白，网络舆论从生成到消亡的每一次周期运行，都需要有一个逻辑起点，即引发网络舆论的事件或意见的出现，也即热门的出现。在互联网上，每时每刻都会涌现出大量的事件性信息和意见性信息，要想在有限的注意力资源竞争中脱颖而出，成为网民议论的焦点，热门本身在信息架构上必须具备一些特别之处。如"富顺县安溪镇:流动宣传车队打通防疫宣传"，流动宣传车队由仰天村村组干部组成，较为固定的人员有 10 人，其中 6 名党员。通过这种方式，群众对防疫措施的了解进一步加深，防控意识进一步增强，真正打通了防疫宣传"最后一公里"。抓住热门事件不同于一般的网络信息而具有的被彰显化、放大化和主流化的内在力量，从而成为网络舆论生成和传播的动力源泉。

【任务分解】

学习网络信息架构策略的定义、从调研到策略实施的过程及相关注意事项。

活动:网络信息架构策划

【活动背景】

看到上述新闻的小丁同学认为这件事情是一件较为典型的热门事件，如果能以本地区事件为例锻炼自身关于网络信息架构策划的能力，可以得到良好的练习效果，也能够在专业化的学习过程中结合实际案例，在学习过程中更加深入地掌握相关知识与技能的应用。

【课前引入】

本小节将以"流动防疫宣传"事件为例进行内容的介绍，在课程开始前，可以先构思关于此事件信息架构的想法和方向。

【知识窗】

1.网络信息架构策略定义

网络信息架构策略是指构建和组织网络信息环境的高级概念性架构。网络信息架构策略为信息架构提供方向和范围，帮助个人或团队进入信息架构的实现阶段。

为了使信息架构能够成功运行,形成满足用户浏览需求的信息内容,在进行信息架构时,需要信息架构策略提供的方案作支撑。而想要获得信息架构策略,则需要对场景、用户、内容三要素进行研究,制定一个能够满足信息架构过程中各项需求的策略。信息架构策略在实施前,必须要让相关的内容制作者、投资方以及参与项目规划、建造的人了解和接受,以此才能确保其是可行的。

2. 从调研到策略实施

（1）背景研究

制定一项策略之前,要对相关的背景进行充分研究,必须在掌握所涉及的发展现状的基础上进行下一步的研究。例如对案例进行报道,首先需要对其进行背景研究,充分了解事件发生的具体情况,才能确保信息整合与构建时的真实性。对情景设计中的案例事件,需要了解的背景不仅包括时间、地点、经过、结果,还有这支村民流动车队的组建过程和疫情当下村民的心理状态,只有事无巨细地了解到此事件发生的经过,才能确保整合构建时与实际情况没有偏差。

（2）小组研讨

在进行策略研究的过程中,要充分发挥小组的研讨作用,研究过程中不只有策略需要小组进行讨论,研究中所涉及的各项细节都需要小组进行商讨。对事件背景进行全面了解后,需要进行写作方向和内容的探讨。对于案例事件,既可以进行事件描述型的信息架构,即通过对事件的详细描述来报道经过,达到让用户知晓此新闻的作用;亦可以深入此事件,探讨疫情当下我们是否也要加入到防疫宣传当中。具体选择哪一种方案作为此次信息架构的主题和方向,需要通过小组研讨来决定。

（3）初步演示

确认主题后对信息进行基础架构,以思维导图构建模型信息架构的思路,将此思路向团队或领导进行展示,确认所商讨的架构是可行的。如小组决定对此事件进行深入探讨,作为信息的整合发布者,必须确认在信息架构时处于公正的立场,避免引起不必要的舆论风险。

（4）内容分析

涉及外来文化的话题实际上属于敏感话题,在进行信息架构时需要十分谨慎,甚至可能会因为细节问题引发舆论,最后涉及政治立场等问题。信息架构时有诸多细节需要注意,因此通过对内容的细致分析来确保所表达的态度是公立的,是必要的环节。

【活动实施】

针对网络热门新闻选择合适架构策略、开展背景调查研究、小组探讨策划方案。

任务二　从信息架构策划到形成报告

【情境设计】

从信息架构策划到形成报告

伴随着课程的推进,小丁同学也在不断丰富自身关于全媒体运营师证件考取所需的各项知识与技能,尤其当学习步入到实践阶段后,小丁同学更是兴奋地想要快速将自身的策划落到实处。因此本节课程将继续学习网络信息架构策划的相关实践技巧——将信息架构策划落实成报告形式。

【任务分解】

学习从策略的开发步骤到报告形成的各项事项,包括思考、表述、沟通、测试等,以及进行信息架构初步展示、制作信息架构策略报告。

活动:策略的开发步骤

【活动背景】

在上一项任务的活动实施中,完成了对网络热门新闻进行架构策略的选择、背景调查以及策划方式讨论,任务二将延续上一章节的任务,将所策划的新闻落到制作实处。

【课前引入】

在本节开始前,请回顾团队在上一项活动中所选取的新闻事件,为确保后续实践的正常开展,建议团队提前做好分工工作,确保团队内成员能够各司其职,和谐地完成项目。

【知识窗】

1.思考

信息架构需要吸引用户的浏览兴趣,如何通过关键词的提取和语言的组织将此新闻信息进行架构和完善,是需要进行思考的。例如对"和服"事件的相关内容信息架构,从信息发布时的标题设计的语言组织,都是需要通过思考进行完善的。

2.表述

通过思考找到策略开发的思路,然后通过画草图的方式(参照思维导图),将成型的观念进行排列布局,这个过程中可以先通过个人的思考排除思路中存在的问题,然后将此思路讲与团队,共同探讨其可行性,也对当前思路进行进一步拓展。这个过程中切记,谨慎进行大型团体会议,对于策略的开发而言,这是没有效率的。

对于此案例的整合探讨,可先将主题定为"从穿和服看对外来文化的态度",然后通过延伸的方式,串联事件、网友看法,分析产生看法的原因,并进行总结。

3.沟通

有了成型的创造想法后,仍然需要进行进一步沟通,得到团队所有人的认可后,才有可能开展下一步工作。对于这样一个敏感话题,是否要进行如此深入的报道,常常会成为团队争议的问题。当自己有了看法后,必须要和团队成员进行沟通。

沟通的顺序应该是先和思路容易产生一致的同事进行沟通,在进行问题的规避后,再与可能会产生思路分歧的同事进行沟通。在制定策略的过程中,很多人会由于想法还未成型,不愿马上将其讲出。但对于共同开发的团队而言,及时且经常性地沟通想法,更容易促进达成共识。

4. 测试

在应用信息架构策略前,对其进行测试是必须的。进行必要的测试才能及时找出策略存在的问题,而在这个阶段所提出的建议,对策略的调整有着重要的参考意义。在对于此信息的架构策略初步完成后,可以将其发布给团队成员或领导进行浏览,既达到审核的作用,也能对思路和策略中存在不足的地方及时调整。通过前面的沟通与讨论建设出关于此次"和服"事件的思路后,到此阶段应该已经形成基本的报道内容,生成可预览性的链接供团队成员和领导浏览。

【活动实施】

根据本章节学习内容,进一步落实团队所选择的新闻主题。

任务三　完成策划报告演讲(PPT)

完成策划报告演讲(PPT)

【情境设计】

在媒体行业工作中,作为普通的职员,相关选题的确认报告往往要通过相关审核部门或是领导层的审批,而这时则考察着信息制作报告者对信息的展示与表达能力,如何有条理地将自身的选题以及主要内容进行简要又全面的概括,是每个媒体从业者必备的工作技能。

【任务分解】

进行项目计划分析,从思维导图的方式出发对报告进行总结展示。

活动:制作思维导图框架、进行策略报告演示

【活动背景】

当信息表达需要呈现出条理性的特点时,选择思维导图的方式向来不会出错。对外进行

报告演示时,所呈现出的报告内容、讲解人的表达能力等都影响着项目的成功与否。因此在本次活动中将对项目报告演示的相关知识进行全面讲解,希望能够帮助同学们梳理头绪,真正掌握对策划报告进行演示的能力。

【课前引入】

在上一项活动中曾提到要求做好团队内的组合分工,但是也有同学在迷茫一个项目到底要分多少工? 在本活动中将针对项目计划分析所要思考的问题以及项目整合报道各项工作的分工职责做细化讲解,同学们可以发表自己的看法,你认为应该考虑到哪些工作呢?

【知识窗】

1. 项目计划分析

创建项目计划是策略阶段成果的一部分,在对项目进行计划时,往往会产生一系列的思考,包括:

如何实施此项目计划?

实施此项目计划耗时多久?

谁来负责项目计划的实施?

项目需要哪些可交付成果?

项目依赖关系是什么?

在进行项目计划制作的过程中,所诱发的一系列思考,使团队不得不对项目进行分析,而这样的分析则能够帮助团队更好地完善时间和结构的安排。例如团队确认了要对"防疫宣传"案例进行信息整合报道,将此作为一个项目来看,谁负责搜集资料、谁负责主笔、谁负责审核,甚至是发布到不同平台的相关负责人与发布形式,都是要对此项目进行分析的内容。

2. 思维导图框架

当确认了项目的主要内容后,将项目在不同平台所要进行的信息架构,都以思维导图的方式做关键词框架,整体性地进行思路整理。调整思路,选出报告演示时所要突出的重点内容,将想法有逻辑地进行组织,针对性地进行演示报告的创意设置,才能确保演示报告的流畅讲解。

3. 策略报告演示

在策略报告中,要充分融入流程图、图片、概念图表等能够达到视觉感染力的工具,演示的过程其实是对自身或团队想法的推销,需要掌握一定的演示技巧,只是枯燥的解读,无法突出策略的特色和可行性,缺乏感染力,也无法让报告演示达到理想的效果。

对事件的策略报告演示,以 PPT 的形式,加入事件发生时的视频、网友看法截图等内容,配以对字体和图标的创意搭配,进行策略报告展示,同时也形成了信息架构对不同平台展示的具体内容。

【活动实施】

制作思维导图框架、进行策略报告演示。

项目七考核评价

表一　专业能力考核表

项目七:网络信息架构的搭建				日期:　　年　　月　　日			考评员签字:		
姓名:				学号:			班级:		
根据网络热门事件进行网络信息架构策划	策略定义	从调研到实施	背景研究	小组研讨	初步演示	内容分析	—	—	—
	□完成 □否	□完成 □否	□完成 □否	□完成 □否	□完成 □否	□完成 □否	—	—	—
从信息架构策划到形成报告的步骤	思考		表述		沟通		测试		
	□完成 □否		□完成 □否		□完成 □否		□完成 □否		
	①在思考的过程中,最重要的点是什么? ②什么的方式最能进行正确的表述? ③团队沟通方案的有效方法是什么? ④实操测试环节的流程是什么?								
根据策划报告完成演讲(PPT)	第1项项目计划分析	第2项思维导图框架	第3项策略报告演示	—	—	—	—	—	—
	□完成 □否	□完成 □否	□完成 □否	—	—	—	—	—	—
	①项目计划分析时需要思考的4个问题是哪些? ②画思维导图应该用什么样的表现手法更有效? ③完成策略报告演示文件需要哪些要素?请举例说明。								

表二　评价考核评分表

评分项	内容	分值	自评	互评	师评
职业素养考核(40%)	积极主动参加考核测试教学活动	10分			
	团队合作能力	10分			
	交流沟通协调能力	10分			
	遵守纪律,能够自我约束和管理	10分			

续表

评分项	内容	分值	自评	互评	师评
专业能力考核（60%）	根据网络热门事件进行网络信息架构策划	20 分			
	从信息架构策划到形成报告的步骤	20 分			
	根据策划报告完成演讲（PPT）	20 分			
得分合计					
总评	自评（20%）+互评（20%）+师评（60%）=	综合等级 _____	教师（签名）：		

能力模块二　信息图表可视化方案绘制

项目一　信息图表的发展演变

【项目综述】

无论学习什么知识,都要从"认识"这个词开始。学习图表可视化系统的绘图能力模块也从理解图表的发展演变开始。在项目信息图表的开发过程中,我们了解了信息图表发展的历史以及主要内容整合的基本信息。在学习过程中,要注重培养图表制作的基本技能。

【项目目标】

通过本项目的学习,应达到的具体目标如下:
(1)知识目标
◇了解信息图表的发展演变
◇学习主要内容整合
(2)技能目标
◇尝试以图表形式展示演变史
◇图表制作能力
(3)思政和素养目标
◇培养图表可视化审美素养
◇培养信息辨别客观思维
◇提升网络素养

【项目思维导图】

信息图表的发展演变	任务　了解信息图表的发展演变	活动1:主要内容整合
		活动2:演变史框架搭建

任务　了解信息图表的发展演变

【情景设计】

了解信息图表的发展演变

信息图表不是网络时代的产物,其有着悠久的历史。了解信息图表开发的历史,一方面,可以为学习如何绘制信息图表奠定基础,另一方面,也可以在学习过程中练习学生整合和构建与信息图表相关知识的基础搭建的能力。

【任务分解】

了解信息图表的发展演变,学习主要内容整合、演变史框架搭建等。

活动1:主要内容整合

【活动背景】

在能力模块一中收到冬奥会综合新闻报道任务的小丁,始终以积极热情的态度学习,深入了解网络信息结构,掌握了整合和表达网络信息结构的方法。谈到实际应用时,小丁发现,在可视化时代,通常以图形表示的事件数据更受网民欢迎。因此,他想学习制作数据地图的各个方面,重新踏上了一次学习的旅程。

【课堂引入】

同学们生活在网络发达的时代,相信对信息图表并不陌生。那么我们在浏览新闻时所看到的各类信息图表都是如何进行制作的? 或许有人认为只需掌握相关制作软件的应用即可,但关于网络信息图表的呈现方式实际大有文章,仍然需要同学们不断探索。

【知识窗】

1. 信息图表的兴起与应用

(1)信息社会的到来

在网络时代,我们处于一个信息大量生产和传播的社会。可以说,信息的存在已成为社会正常运作和经济、科学、技术发展的一个重要因素。人们在享受信息社会的好处的同时,也面临着信息社会的信息带来的问题。在信息流的深处,我们面临着一个庞大而复杂的网络。

我们身边不仅有必要的、优雅的、有价值的信息,也有无用的、低俗的垃圾信息。在互联网上收集信息,常常很难从大量信息中找到有价值的信息。为了克服这种"信息恐惧",信息图表已成为一种常见的数据处理方法,用于收集、验证、组织和传播信息,以便于公众理解。随着图表的兴起,重要数据清晰可见。与丰富的文字相比,它具有更直观的视觉传达效果。它是传播新闻和信息最重要的方式之一。

（2）受众阅读行为的改变

毫无疑问,今天是一个知识和时间碎片化的时代。尽管对信息的需求逐渐增加,但在一定的时间范围内搜索信息和阅读内容是困难的。有必要找到更有效的获取信息的方法。一篇文章虽然可以传播非常准确的信息,但读者在阅读过程中需要一定的文化知识,精读需要一定的时间和精力。通过查看数据卡,清晰的文本展示效果不仅可以减少读者文化信息的限制,还可以节省读者阅读最重要信息的时间和精力。目前,受众最广的阅读方式逐渐从阅读文本转变为图表与文本的结合。这是观众阅读行为的变化,这种阅读方式也显著提高了阅读效率。

（3）媒介传播技术的发展

信息图表的使用与媒体通信技术的快速发展密切相关。这也是媒体信息技术迅速发展的结果。众所周知,科学和技术已经影响了人们的生活方式,甚至引起了社会变革。从新闻传播的角度来看,新技术的创新可以将新闻传播提升到一个新的发展水平。正如人们阅读新闻的方式已经从报纸转向电视和互联网一样,正是媒体技术的传播将各种图表绘制软件带入了大众的视野当中。美观清晰的视觉特征的视觉冲击力和吸引力确保了数据传输的舒适性。

（4）信息图表的编辑理念

新闻媒体有句名言:"当我们需要信息时经常说的就是展示给我,而不是告诉我。"因为新闻媒体希望能够更好地通过信息向公众展示重大事件的细节和场景,以及他们想要表达的信息。无论文字的描述多么丰富,都无法与信息的表现相比较。编辑图表的概念是快速清晰地向公众传达和显示信息。图表的出现不仅可以直观简洁地整合新闻信息,还可以有效提高传播效果。例如,下图以信息图的形式展示了黑匣子搜索的新闻,该数据图清楚地显示了搜索过程中的过程级别,介绍了黑匣子不同部分的属性和搜索方法,并一目了然。

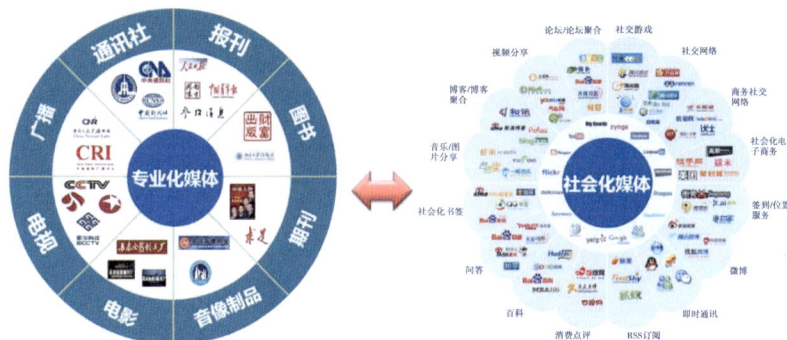

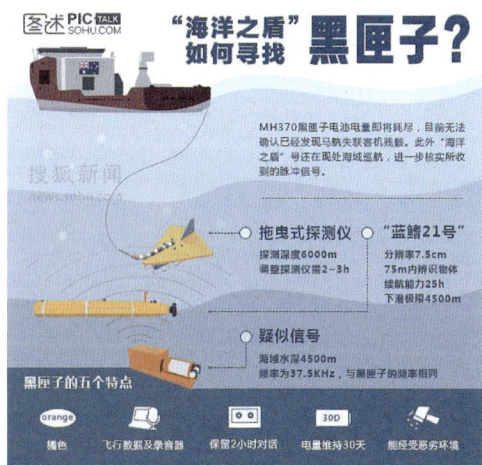

（5）信息图表的应用领域

图表的使用目的主要是对复杂数据进行排序和压缩,并更直观、生动地传达信息。目前,信息图表的应用已经渗透到社会的每一个角落,信息图表存在的领域所呈现的信息更直观、更容易阅读、更高效。

信息图表的应用主要表现在四个方面,包括新闻媒体信息图表（说明图像）、商品营销信息图表（说明书、指示板）、书籍刊物信息图表（数据图表）、交通标识信息图表（地铁线路图）。

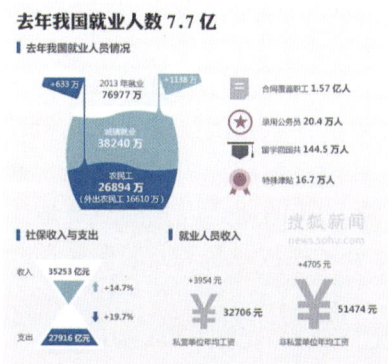

新闻媒体信息图表

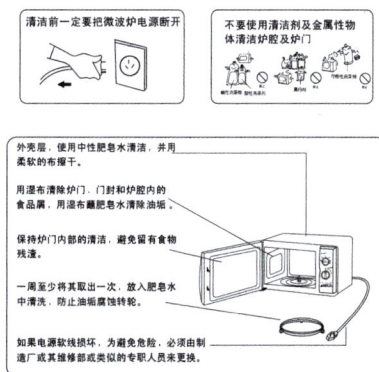

商品营销信息图表

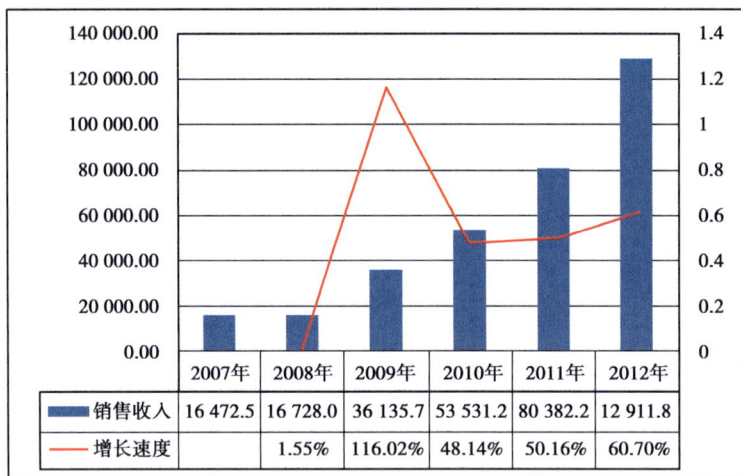

书籍刊物信息图表

	2007年	2008年	2009年	2010年	2011年	2012年
销售收入	16 472.5	16 728.0	36 135.7	53 531.2	80 382.2	12 911.8
增长速度		1.55%	116.02%	48.14%	50.16%	60.70%

交通标识信息图表

2. 信息图表的概念与类型

（1）信息图表的概念

信息图表是指信息图或信息、数据、知识等视觉表达。信息图表通常用于高效、独特地传输复杂信息。信息图表还广泛用于信息技术、数学和统计学，以优化数据传输。这可以看作数据可视化的方向。它利用了人类大脑容易接受图形的能力，可以更有效、直观、清晰地传达信息。

信息图表是表达信息的独特方式，换句话说，是使用艺术和视觉方法或手段进行清晰、有效的沟通和传播。好的信息图表结构可以为复杂或简单的信息提供简单的导航和有意义的交互支持，好的数据地图可以帮助用户理解抽象信息，并以直观的方式实现信息传递。在研究信息结构之后，我们发现有意义的可视化元素和清晰、精确的表达方式能更好地体现要表达的内容，可以通过创意使用不同层次的视觉结构和不同的视觉元素来促进视觉表达。

（2）信息图表的类型

信息图表的类型：图表（chart）；图示（diagram）；地图（map）；插图（illustration）。

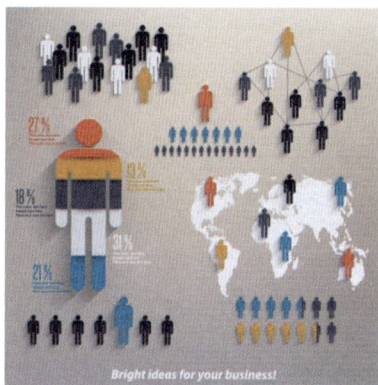

图表

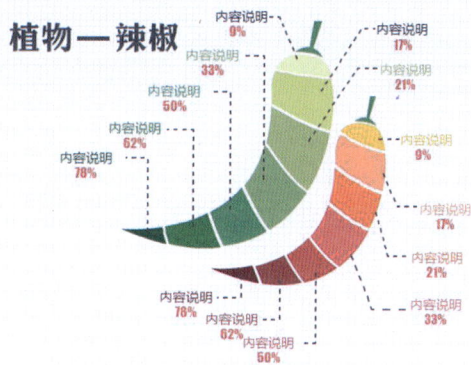

图示

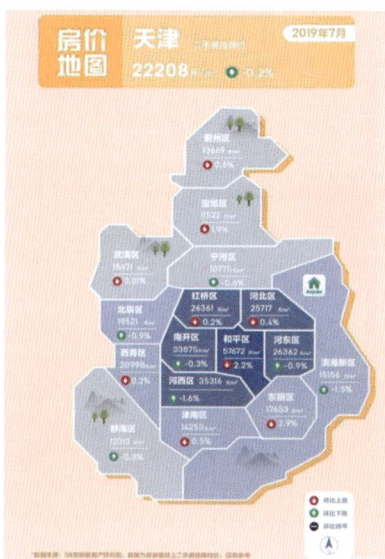

地图

插图

【活动实施】

小组讨论数据可视化、看图说话、以图整合等信息图表在新闻报道中的作用是如何体现的。

活动2:演变史框架搭建

【活动背景】

虽然一直以来信息图表在人们眼中呈现的形式变化不大,但实际上我们现在所看到的信息图表是多年演变而形成的,最早的信息图表甚至可以追溯到公元前。我们在学习过程中所接触到的饼状图、柱状图等统计图,实际上也属于信息图表的一种呈现形式。

【课堂引入】

虽然我们在本课程中学习的主要知识是信息图表的发展历史,但考虑到本课程是一门结合知识和实践的课程,请从如何学习这些知识并尝试构建信息结构的任务开始,在学习这些知识之后,可以试着对信息图表演变史进行信息架构。

【知识窗】

1.西方信息图表的发展历史

在旧地图的基础上,开发了西方最古老的信息地图,随着统计学和现代报纸的不断发展,这一地图逐渐成熟。公元前3世纪的古罗马时期,绘制了城市和山脉的三维图标,并出现了该地区的地理特征地图。

统计学是应用数学的一个分支,17世纪出现在欧洲,延伸出了与信息图表和数据可视化密切相关的统计图。饼图、条纹图、极限图、散点图和时间序列图在19世纪被广泛使用。19世纪中期,英国流行病学家利用报纸上的图表发表了他们关于迫害患者的研究;还使用了以不同颜色显示士兵死亡原因的图表;1861年,法国地理学家绘制了拿破仑运动路线图,包括所有人、温度、方向和河流。

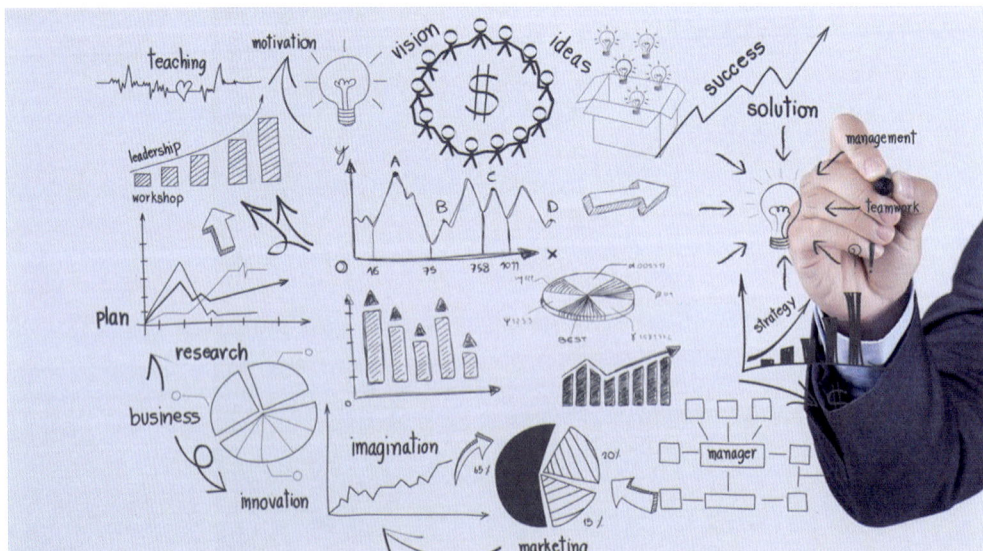

在使用计算机绘图之前,绘制数据图通常需要大量的精力和时间。只有最强大的媒体才能绘制信息图表,这在业界是一种奢侈品。小型媒体通常不生成地图数据。因此,在20世纪中期以前,除了《纽约时报》《华盛顿邮报》等报业巨头之外,美国媒体很少关注图形信息。

美国现代报纸布局的先驱埃德蒙·C.阿诺德(Edmund C.Arnold)在1891年的《报纸创意评论》一书中提到,数据图表可以在报纸中发挥核心作用,这对整个行业的发展非常重要。

20世纪60年代和70年代,信息图表被引入新闻传播行业。官方图表大规模、定期地出现在一些报纸上,有时甚至成为定期专栏。20 世纪 60 年代后,欧洲出版商开始使用图形符号显示统计数据,霍姆斯将其引入美国并继续使用。

对于西方三大通信公司,美国社会服务提供商首先查看数据图并使用它们。在 20 世纪 80 年代之前,报纸用户有记录。自 20 世纪 80 年代以来,卡片业务和雕刻业务相互分离,并成立了专门的图形部门。发生重要事件时,通过绘制图表还原场景并将相关数据图形化,可以用多种语言创建图表内容以显示数据。路透社在 20 世纪 90 年代海湾战争期间发布了政治图表,除了当前的政治图表之外,在 1994 年还增加了一张商业图表,实现跨越式发展。

2.我国信息图表的发展阶段和特征

与西方国家数据地图的搜索和应用相比,中国数据地图的使用与媒体的使用更密切相关。根据中国主要媒体,特别是报纸使用的数据图表,可以大致规划后续阶段的发展。

（1）1999 年前的调查期

如果信息图表真的作为一种传播方式出现在我国的报纸和媒体上,它会受到改革开放和国家经济结构的影响。然而,大多数第一批应用程序使用箭头、直方图、饼状图和其他数据来支持财务报告。可以说,中国早期的数据图表是经济数据图表。该表格的应用大约始于 1993 年的《光明日报》,该报于 1993 年 7 月出版了一个读者喜爱的专栏"事实和数字"。随后《中国工商时报》每天都会在正面刊登"时代图表"栏目,《中国青年报》和《社会周刊》发布与群众相关的符号数据,《北京日报》开设了一个特别页面,刊登了图形新闻,获得一致好评。

（2）加速期:1999—2008 年

1999 年 3 月,新华社摄影部设立了一个图形新闻编辑室,作为一种新的新闻报道形式,使用了表格、列和饼状图等计算机图形和图层、符号解释新闻事件。2000 年 8 月,新华社开通了一条图形新闻专线,允许全球卫星网络用户接收图形新闻;12 月,与法新社合作推出了新华社/法新社图表新闻专线。2006 年,新华社发布了中国传统品牌的新闻产品。

2007 年,新华社推出了第一款英文地图新闻产品。从那时起,新华社的图表编辑室通过推广 3D 映射软件,如 3D MAX 和 Maya,在报道国内外重大事件方面发挥了不可估量的作用。在 2000 年,新闻模拟地图被广泛应用于《南方周末》等新闻报道中,使用消息模拟图已成为惯例。

（3）2008 年以来的黄金季节

随着数字媒体、制度、技术和公众阅读行为的变化,信息已成为新闻传播的"传统武器"。在国内外的重大活动中,所有媒体都希望在信息图表制作的准确性和美感方面取得惊人的成果。

2012 年 4 月,《华西都市报》提出了将"图形"标准化以供视觉享受的目标。它实现了从快速调查到深度阅读的突破,并显著提高了主页和内部页面上信息图的利用率。在试验的第一天,一份关于汽车修理骗局的图形报告在头版上发布,其图表结构相对简单,易于理解,除了传播最重要的信息,它还可以吸引注意力。2012 年 9 月,《纽约时报》开设了一个特别页面,用新的图纸描述新闻、背景和知识,清晰的逻辑分析、精细的图形制作和匹配的颜色突出了信息图形在信息传递中的优势。随着山东半岛蓝色经济区的发展,《烟台晚报》自 2012 年 12 月以来发布了一系列关于烟台海生物资源的照片报道,引起了读者对海洋的兴趣,丰富了他们对海洋的认识。

在两次全国会议的报告中,以数据图表报告的独特风格是前所未有的。2013 年 3 月 3 日,《人民日报》开始使用头版图表,并在两会结束前使用整版图表。到 2015 年,信息图表已成为党报报道全国两会的常用武器。它们不仅在报纸页面上可见,还用于解释官方网站上的相关主题。

电视媒体在视频传输中对信息卡的使用也在增加。2013 年 6 月 7 日,央视在新闻广播栏目以数论结合 flash 动态图形和人物访谈的形式报道高考新闻。

大数据的增长和广泛使用从根本上改变了新闻传播的概念和实践。2014 年 1 月 25 日,央视与百度联合推出春节旅游主题。本课题利用百度地图的定位功能对大数据进行可视化处理,向全国公众直观呈现春季交通状况,并结合相关研究探索"反向旅游"等新现象。与传统消息相比,这类大数据新闻更全面、更可靠、更直观。5G 时代,短视频成为数据传输的新"载体"。短视频本身是一种全球传播形式。如果信息图和短视频之间存在冲突,信息图数据也可以显示动态视图。从当前信息传播的应用来看,这是一个前所未有的"黄金时代"。

【活动实施】

分小组讨论信息图表演变史,完成分析报告。

项目一考核评价

表一　专业能力考核表

项目一:信息图表的发展演变		日期:　　年　　月　　日				考评员签字:			
姓名:		学号:				班级:			
主要内容整合	认识信息社会	受众阅读行为改变	媒介传播技术发展	信息图表编辑	信息图表应用领域	信息图表概念	信息图表类型	—	—
	□有 □无	□有 □无	□有 □无	□有 □无	□有 □无	□有 □无	□有 □无	—	—
以图表形式展示演变史	①信息图表由哪些部分构成? ②信息图表的视觉表现形式有哪些? ③了解西方信息图表的发展历史,并简要阐述。 ④实训完成以图表形式展示演变史。								

表二　评价考核评分表

评分项	内容	分值	自评	互评	师评
职业素养考核(40%)	积极主动参加考核测试教学活动	10 分			
	团队合作能力	10 分			
	交流沟通协调能力	10 分			
	遵守纪律,能够自我约束和管理	10 分			

评分项	内容	分值	自评	互评	师评
专业能力考核（60%）	主要内容整合	20分			
	以图表形式展示演变史	40分			
得分合计					
总评	自评（20%）+互评（20%）+师评（60%）=	综合等级		教师（签名）：	

项目二　信息图表可视化概念

【项目综述】

在互联网信息爆炸的时代,信息设计的可视化变得越来越重要。一些科学家甚至认为信息图表是数据爆炸的技术工具。信息图表将成为政治、文化、经济、社会和社会变革前沿的重要力量。在获得所有媒体运营商证书的同时,创建数据图的能力与网络数据架构的能力同等重要,因此正确理解数据图和绘制信息图表是本课程学生的必要技能。

【项目目标】

通过本项目的学习,应达到的具体目标如下:
(1)知识目标
◇学习信息图表功能分类
◇了解信息图表传播优势
◇掌握信息图表构成要素
(2)技能目标
◇学会选择新闻事件
◇能够确认构成要素
◇尝试信息图表临摹
(3)思政和素养目标
◇提高欣赏图表的审美素养
◇培养认知信息的客观思维

【项目思维导图】

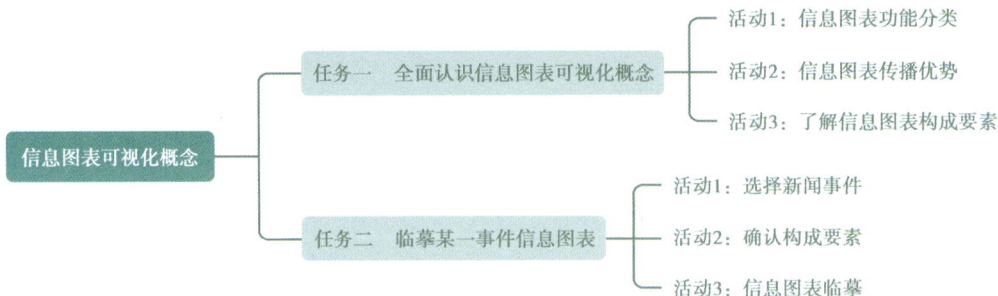

```
                                    ┌─ 活动1：信息图表功能分类
                  ┌─ 任务一   全面认识信息图表可视化概念 ─┼─ 活动2：信息图表传播优势
                  │                 └─ 活动3：了解信息图表构成要素
  信息图表可视化概念 ─┤
                  │                 ┌─ 活动1：选择新闻事件
                  └─ 任务二   临摹某一事件信息图表 ─┼─ 活动2：确认构成要素
                                    └─ 活动3：信息图表临摹
```

任务一   全面认识信息图表可视化概念

【情景设计】

全面认识信息图表可视化概念

如前所述,小丁还与同学一起参加了信息图表相关课程,以丰富自己的信息图表知识。本任务要求充分理解信息图表可视化的概念,以便学习信息图表的基础课程,学习本课程并正确理解信息图表的设计概念和相关功能分类,对最终构建信息图表产生重大影响。

【任务分解】

全面认识信息图表可视化概念,临摹某一事件的信息图表。

活动1:信息图表功能分类

【活动背景】

信息图表有其自身的意义和功能,用于呈现新闻信息事件。理解信息图表可视化的相关概念并不是对信息进行枯燥地解释,而是从信息图函数的角度对信息图表可视化的概念透彻理解。

【课堂引入】

信息图表已经成为非常常见的信息表达方式,在生活中也随处可见信息图表的存在,请结合生活中所见到的信息图表,思考信息图表应该具备哪些功能?

【知识窗】

1.信息整合功能

顾名思义,信息的整合功能就是对原本单一枯燥的文字以及数据进行一定的整合处理,而后通过信息图表制作中常用的点、线、面、色彩等元素将其进行解读整合,形成更加直观可视的表达方式。信息整合功能主要应用于信息内容的整合、信息传播符号的整合以及时空概念的整合。

信息内容的整合及通过信息图表详细介绍信息发生的具体情况,"Who""What""When""Where""Why"等"5 个 W"要素和一个"How"的规则仍然适用。在对信息内容进行整合时,建立以以上信息要素为架构的逻辑关系、内在联系,让人们通过信息图表能够直观地了解到与事件相关的各项信息,有助于帮助人们实现对信息的理解和认知。

毫无疑问,创建信息图表不是一个简单的创建图形的过程。事实上,它结合了各种元素,如字符、数字、图形、符号和颜色。此外,由于标志技术的发展和通信平台的变化,信息图形和通信符号的集成被应用于互动性强的通信平台,单击相应的图标可以更好地了解与主要内容相关的其他内容,在某种程度上起到导航的作用。

信息图表不仅有助于阐明复杂结构中事物之间的关系,而且有助于理清事件的过程和时间关系。在 Web 图形中,基于超链接和交互的特性,可以实现信息的可视化表达。

2.视觉审美功能

与传统文本的信息表达相比,信息层次的视觉审美功能强调了传统结构所没有的平衡和秩序。当信息内容具有创造性且可自定义时,可以调整图像、文本、字体大小和其他内容,以改变数据的重点,这更好地突出了信息图表组成的确切细节和清晰重点。此外,用户还可以通过展示的色彩感受视觉愉悦和心理愉悦。如果能够创造出令人难忘的沟通效果,就可以证明信息图表的重要和不可或缺的作用。

3. 互动服务功能

随着互联网的高速发展,信息图表的表示不再只是传统新闻报道中的静态空间,而是更具互动性。在这一过程中,可以显著提高公众参与感,如在线推荐过程中的"在线投票"功能,或与信息图表创意相关联的独立搜索和查询功能,让用户在使用时及时找到想要的信息。

【活动实施】

小组可以利用图解式图表应用于突发性新闻的现场模拟再现,市政工程的形象预览,交通改道的指示,新闻背景的回溯等。

活动2:信息图表传播优势

【活动背景】

小丁在了解了信息图表的功能以及信息图表可视化的相关概念后,提出了一个问题,即信息图表呈现的大部分功能都可以以文本格式执行,尽管信息图表比文本带来更多的视觉感知,但信息图表是否有其自身的宝贵优势? 是否有必要学习如何在掌握网络信息架构能力的基础上创建信息?

【课堂引入】

请结合自身观点,回答小丁同学的疑问。

【知识窗】

1. 传播信息的效率更高

毫无疑问,使用图表传播信息更高效,与文本图表的简单叙述方法相比,公众更容易获得详细的记忆信息。虽然许多人认为新闻图像可以更好地传播新闻信息,但有时新闻图像与信息图表相比,后者更容易查看重要信息。例如,如果新闻包含路线设计地图,很难通过图像和描述路线表达信息,但通过绘制图表表现对象之间的关系更容易。

2. 生动再现

由于其自身的特殊性,一些新闻无法重复发生时的情节,例如被困矿工的逃生路线。通过绘制图表,可以直观地显示矿工的逃生路线,更清楚地展示给公众。信息图中的角色"一个图像就能胜过许多话"也再次体现出来。

3. 简洁直观

信息图表可以以简单直观的方式呈现信息,这是一个已知的事件。大多数情况下,人们阅读信息只是为了满足自己的好奇心和研究需要,更倾向于在短时间内了解一般内容,而不是深入学习。例如,对产品的每个组件进行详细解释需要大量的时间和空间,但以图表方式链接组件和详细功能,人们能更清楚地理解最重要的信息。

4.视觉冲击力

在互联网迅速发展的时代,信息以图像的形式传播并不奇怪。为什么我们仍然在信息图上共享和显示信息?信息不能与图像所带来的视觉效果分开。因为当收集大量图像时,底层数据图可以集中表达信息。如果观众无法理解图像的全部含义,数据的解释作用会增加观众的阅读体验。

【活动实施】

①选择最本质、最具概括性的信息作为结论。
②对内容进行分类组合,理出逻辑顺序。
③将论点和内容有条理地布局,顺理成章以引出结论。

活动3:了解信息图表构成要素

【活动背景】

当小丁认识到信息图表的独特优势时,他真正认识到了信息图表的重要价值,并渴望掌握构建信息图表的能力。但当他试图绘制信息图表时,他意识到,一个看似简单的信息图表也具有重要意义。如何在信息图表中选择组合数据?如何使视觉效果更加美观?事实上,必须遵守规则。

【课堂引入】

如果提问信息图表所包含的构成要素,相信文字、图片会成为大多数人的答案。但实际上信息图表的构成要素还涵盖了色彩以及信息选取等内容,学习完本活动内容,相信同学们能够有更加清晰的认知。

【知识窗】

1.信息图表的形式构成要素

结合生活中常见的信息图表,很容易理解文字和数字、图形、色彩三大要素在信息图表组成过程中的重要作用。

信息图表的传播区别于传统的文字堆叠方式,但并不是在其建设的过程中完全不使用文字信息。因为文字才是语言的载体,在进行信息图表构建时以文字和数字进行信息的精准提炼,以制图软件对文字进行一定艺术处理,结合信息图表进行展示能够带来更加直观的信息传播效果。

图形元素也是图表过程中的必备要素,包括建设过程中所涉及的"点、线、面、箭头标识和图片"等,都是构成图表的必备要素。

色彩元素是建立在信息图表之上的重要存在,利用色彩对信息图表上不同类的信息进行区分,能够在视觉上达到强化与分类的作用。其不仅具有蕴含信息的功能,更具有组织信息的功能。

2. 信息图表的内容构成要素

信息图表的内容构成包括标题、信息、来源、新闻发生的时间地点、新闻主体、文字、注释、绘制者等。

标题用于指定表格的主题内容。标记信息来源可以提高查看图表时信息的可信度和真实性,使图表内容更有意义;作者是责任的体现,也是信息图表专业发展的体现,标记作者的姓名不仅是版权原因,这更是对作者的尊重。标记在信息图表中表达的重要信息有助于更好地表示数据。卡片内容的重要部分已登记。表格的主题应与消息中的导语相似,它将重要的信息点与要提供的信息结合起来,简明地突出关键点,并指出在传播信息时需要表达哪些内容。图表的文本标记消除了读者阅读图表时的阅读障碍。它通过解释一些传言和术语帮助观众更好地理解他们想要表达的内容。

【活动实施】

小组通过对相关出版物的深入阅读,来加深对信息图表设计理解的深度。

任务二　临摹某一事件信息图表

临摹某一事件信息图表

【情景设计】

相较于任务一而言,可以将任务二看作是课程实践,本任务不做复杂的知识讲解,还是以实践为主,通过在实践的过程中产生思考,来全面了解信息图表的构成。

【任务分解】

选择新闻事件、确认构成要素、尝试绘制信息图表。

【任务实施】

选择一条近日新闻绘制新闻图表,思考怎么选择绘制内容、如何制作表题、如何选择配色与结构。

活动1:选择新闻事件

【活动背景】

网络专题报道通常聚焦特定主题,设计固定网站,使用图像和文本、即时新闻、音频、视频等相关材料,进行连续、全面、多边形深度报道,共同展示新闻事件的原因和后果。它是网络媒体表达和新闻发布的重要形式。

【课堂引入】

2012年7月21日,北京遭遇61年难遇的特大暴雨,京港澳高速南岗洼路段严重积水,数十辆汽车被淹,数百人生命受到威胁。大雨中,150余名农民工伸出他们温暖而有力的双手,为被困者搭起了一条生命线。四川新闻网在最短时间内组织宣传报道,连夜派出记者飞赴北京,深入到这群民工群体中进行详尽采访,并在短短一周内,推出了独家系列报道,其中《致敬!暴雨考验下的中国良心——献给7.21暴雨中那些伟大的平凡人》网络专题赢得广泛好评,荣获第23届中国新闻奖网络专题特别奖。这篇网络新闻报道脱颖而出,拔得头筹,在于其坚持和把握了新闻报道策划的原则。

【知识窗】

1.日常报道需要特色化

在灾难性新闻事件的报道中,若不动一番脑筋,报道必定流于大众化。通过采访,四川新闻网记者了解到,当农民工兄弟最初伸出援手时被困群众首先反应是"救一个人多少钱",农民工兄弟"不要钱"的回答似乎没有打消人们的顾虑,围困群众在获救后凑齐近万元交给农民工,这150名农民工谢绝了,只是简单道出心声:"这是我们的本分与良心!"在对川籍农民工的新闻报道中,作者的视角独特,紧紧抓住"良心"二字,报道中多角度的转换也带给读者不同的情感体验。

2.以事实为依据

7.21北京暴雨事件,属于突发性灾难新闻事件,四川新闻网在面对灾难的时候,没有过分夸大灾难的重创,也没有对灾难性报道过分躲避。在实时转载其他媒体关于前线最新情况的报道同时,网站派记者前往第一线进行新闻的深入挖掘,以第一手的独家客观信息充实报道事件。

【活动实施】

运用技巧选择一则新闻事件,进行专题报道。要体现出真实、新鲜、及时、重要、趣味可读和时效性。

活动2:确认构成要素

【活动背景】

新闻要求简短、简洁,用尽可能少的文字表达最适当的信息。新闻通常由五部分组成:标题、引言、正文、背景和结论。前三部分是主要部分,后两部分是辅助部分。

【课堂引入】

在结构上,每一条新闻通常由五部分组成:标题、引言、正文、背景和结论。前三部分是主要部分,后两部分是辅助部分。标题通常包括主标题和副标题。引言是新闻开头的第一句或第一段,简要介绍了新闻的内容。正文是新闻的支柱,以事实表达,足以扩展和解释图像的内容。背景是指新闻发生的社会和自然环境。背景和结论有时隐含在正文中。

【知识窗】

1. 新闻的三要素

新闻的三要素指新、事实和报道。"新"包含两种情况,一种是报道的事实刚刚发生,另一种是报告的事实已经发生但刚刚公布。这两个"新"元素参与了新闻的形成。同时,"事实"是指新闻具有真实性。从理论上讲,假新闻不是新闻,因为没有真实事实就没有新闻。"报道"是制造新闻的一种方式,没有报道,新的事实就不能成为新闻。新闻的三个元素之间可以相互限制。

2. 新闻的六要素

新闻的六要素是谁、何时、何地、何事、为何、过程如何,简单概括为 5 个"W"和 1 个"H",换一种说法就是人物、时间、地点、事件、原因、发生过程。

【活动实施】

小组讨论如何选择最能体现新闻主题思想的事实。

活动 3:信息图表临摹

【活动背景】

在追求新闻可读性和可视化的过程中,合理使用图表来解释新闻、呈现信息和重复场景对于提高新闻可读性和传播力度具有重要作用。特别是如果页面上没有消息图像,或者只有消息图像不能完全表达报告的主题,则图表的好处更为明显。近年来,报纸上图形的数量显著增加,生产水平不断提高。在探索新闻报道的创新方式过程中图表发挥着越来越突出的作用。

【课堂引入】

在新闻报道中运用图表,一个重要作用就是对相关新闻进行解读。合理使用图表,既能起到美化版面的作用,又能起到对相关报道主题进行解读和深化的功能。

【知识窗】

1. "编"的功力

这里的"编"主要是指对各种复杂数据和材料的整理、合成和提取。用数十万字写成的报告需要加强读者在阅读时容易忽略或混淆的一些信息和过程。文本编辑应充分利用"编"的功能,消除粗糙,保留本质,简化复杂性,探索最重要和最有吸引力的信息。艺术编辑必须从复杂的材料中选择最合适的图形和图像来表达主题。例如,在新闻报道《明明有床位,为何进不来》(人民日报)中,编辑记者选择了民政部和新华社的相关材料,并选择了"养老院",以充分了解中国养老院空置和拥挤的问题。对养老机构、养老床位和护理人员三个关键问题以具体数据解读,帮助读者了解老年人护理需求和供给的不一致性,不足 300 字的文本数据背后,有数千甚至上万条信息。另外,新闻报道中休闲、护理、睡眠等图形完全符合主体要求。

2. "辑"的功力

这里的"辑"主要是指将文字和图像结合起来,精心设计,以更好地整合报告内容的过程。"集合"指的是从各种文本数据中精心提取的文本内容,以及从大型图形材料中选择的设计材料。点的类型和排列应以"集合"区分。为了确保数据真实有效,图表处理应结合适当的文本组合形式进行必要的说明,达到最佳视觉形式表达主题。原来的创意设计应该引起读者的注意。例如,新零售平台销售表现一图,编辑通过收集整理各平台销售数据,文本编辑以"双十一"为报告主题,以图像形式呈现报告,展示了新零售平台旺盛的发展势头和消费者消费趋势的变革。

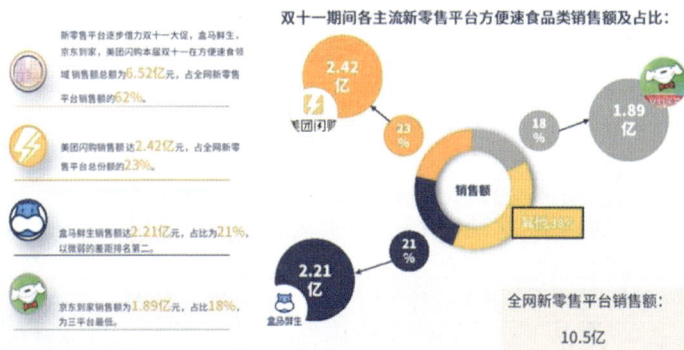

【活动实施】

以图表为主体编辑一则新闻报道,利用其可视化优势,增强新闻报道的权威性、贴近性和可读性。

项目二考核评价

表一 专业能力考核表

项目二:信息图表可视化概念		日期: 年 月 日			考评员签字:			
姓名:		学号:				班级:		
从信息图表功能分类、传播优势、构成要素表全面认知信息图表可视化概念。	信息整合功能	5W1H规划	视觉审美	视觉元素——点	视觉元素——线	视觉元素——面	视觉元素——色彩	互动服务
	□是 □无	□是 □无	□是 □无	□是 □无	□是 □无	□是 □无	□是 □无	□是 □无
	①信息图表传播优势有哪些? 请列举出来。 ②信息图表形式构成要素有哪些? 请列举出来。 ③文字、数字、图形、色彩这些要素的重要作用是什么? ④信息图表内容的构成要素是什么? 并说明原因。							
在充分了解分析上述工作任务的基础上,通过选择新闻事件、确认构成要素完成临摹某一事件信息图表。	①临摹某一事件信息图表要做哪些准备工作? ②临摹信息图表时,你准备怎么进行? 为什么? ③如何选择绘制内容? 并说明原因。 ④如何制作表题? 并说明原因。 ⑤如何选择配争与结构? 并说明原因。							

表二 评价考核评分表

评分项	内容	分值	自评	互评	师评
职业素养考核(40%)	积极主动参加考核测试教学活动	10分			
	团队合作能力	10分			
	交流沟通协调能力	10分			
	遵守纪律,能够自我约束和管理	10分			
专业能力考核(60%)	从信息图表功能分类、传播优势、构成要素全面认知信息图表可视化概念。	30分			
	在充分了解分析上述工作任务的基础上,通过选择新闻事件、确认构成要素完成临摹某一事件信息图表。	30分			
得分合计					
总评	自评(20%)+互评(20%)+师评(60%)=	综合等级		教师(签名):	

项目三　新闻信息图表的主要类型

【项目综述】

网络信息架构有着不同的类型,新闻信息图表也根据其类型的不同,有着不同的制作方法。本项目选择了三大类常见的信息图表,从信息图表主要类型进行讲解,帮助同学们进一步掌握主要类型信息图表的制作流程与方法。

【项目目标】

通过本项目的学习,应达到的具体目标如下:
(1)知识目标
◇了解新闻信息图表的主要类型
◇了解信息图表制作的类型与特点、准备工作、重要环节
(2)技能目标
◇能制作不同类型的信息图表
(3)思政和素养目标
◇培养学生创新思维能力
◇锻炼学生实践能力

【项目思维导图】

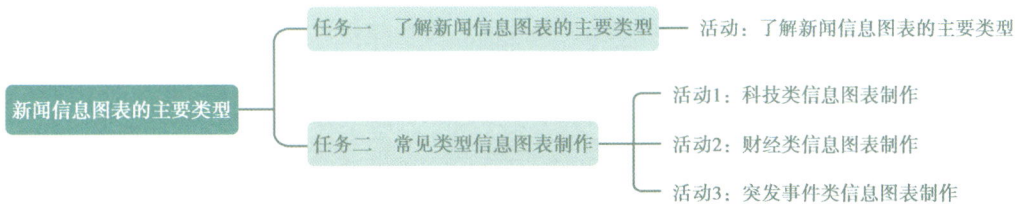

新闻信息图表的主要类型	任务一　了解新闻信息图表的主要类型	活动:了解新闻信息图表的主要类型
	任务二　常见类型信息图表制作	活动1:科技类信息图表制作
		活动2:财经类信息图表制作
		活动3:突发事件类信息图表制作

任务一　了解新闻信息图表的主要类型

【情景设计】

了解新闻信息图表主要类型

信息图表的分类与制作方法如同浩瀚星河般繁多,小丁同学在临摹信息图表时尝试拟出信息图表构成要素以及构成特点,但被信息图表的多样性打乱,一时间面对不同类型的信息,

91

对信息图标绘制方式变得迷茫起来。

【任务分解】

认识科技类、财经类、突发事件类等常见新闻信息图表的主要类型。

活动：了解新闻信息图表的主要类型

【活动背景】

为帮助小丁同学正确认识新闻信息图表的类型，找到信息图表绘制的规矩以及出发点，本活动内容将从三大类新闻信息图表类型出发，细化认识不同类型信息图表，为掌握不同类型信息图表的绘制提供一份助力。

【课堂引入】

本活动开始之前，请同学们回忆一下，最近看到的信息图表是什么？属于什么类型？你认为生活中常见的信息图表应该怎样进行分类呢？

【知识窗】

1. 科技新闻中的信息图表类型与特点

科技新闻中使用的信息图表主要分为传统科技报道类与重大科技事件报道类。在传统科技信息的报道中，即在相关图像中标记信息，信息的解释和普及更具功能性；在重大科技事件的报道中，信息图表还广泛应用于重要的科技信息展示，包括神舟系列航天器的发射、交会对接等。展示信息图表可以让观众更直观地理解科技世界的规则和内容。

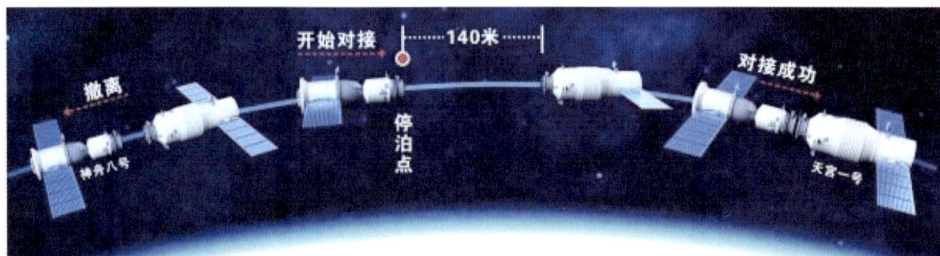

2. 财经新闻中的信息图表类型与特点

（1）对比走势类图表

用于比较的趋势图是财经新闻中主要使用的图表。图表的绘制可以清晰地代表股市、汇率和利率、油价和黄金价格，也可以在一定程度上反映 GDP、国家消费价格指数、进出口贸易额和外汇储备。媒体和公众喜欢清晰的线条和准确的信息。

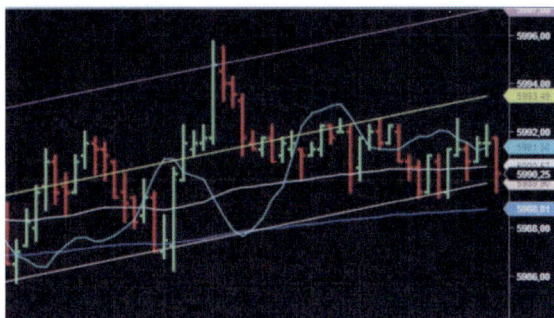

9月份大连市居民消费价格分类别环比涨跌幅

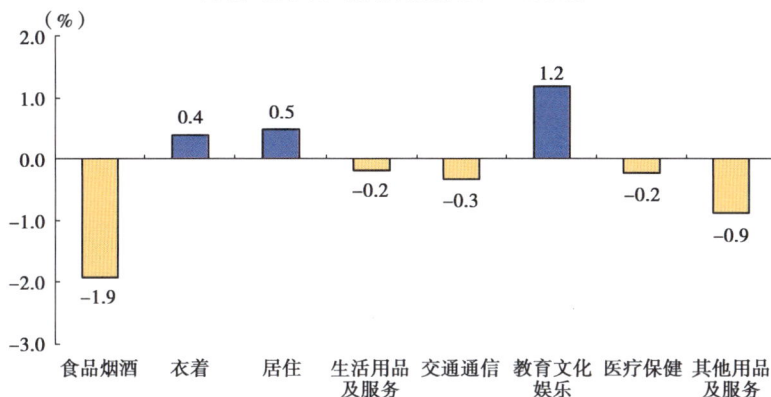

（2）深度分析类图表

财经新闻常需要对人物进行深入分析，以帮助读者了解经济环境、经济发展等。详细的分析图表可被视为重要经济决策、个人金融投资、生活消费等行为的重要参考。

（3）知识背景类图表

财经新闻中背景图的使用旨在解释专业术语和名称。相关新闻平台在报道金融信息时，其用户并不完全是专业的，因此报道信息应便于用户理解。背景图使难以理解的专业词汇易于理解，可以帮助读者更好地理解相关信息，增加读者兴趣。

组别	术语性质	国际代码	中英文含义		货地点	运输方式
			英文	中文		
E 组	启运术语	EXW	Ex works	工厂交货	商品产地、所在地工厂或仓库	所有
F 组	（主运费未付）装运术语	FCA	Free Carrier	货交承运人	出口国内地、港口	所有
		FAS	Free Alongside Ship	装运港船边交货	装运港口	水运
		FOB	Free on Board	装运港船上交货	装运港口	水运

续表

组别	术语性质	国际代码	中英文含义		货地点	运输方式
			英文	中文		
C组	（主运费已付）装运术语	CFR	Cost and Freight	成本加运费	装运港口	水运
		CIF	Cost，Insurance and Freight	成本加保险费和运费	装运港口	水运
		CPT	Carriage Paid to	运费已付	出口国内地、港口	所有
		CIP	Carriage and Insurance Paid to	运费、保险费已付	出口国内地、港口	所有
D组	到达术语	DAF	Delivered At Frontier	边境交货	两国边境指定地点	所有
		DES	Delivered Ex Ship	目的港船上交货	目的港口	水运
		DEQ	Delivered Ex Quay	目的港码头交货	目的港口	水运
		DDU	Delivered Duty Unpaid	未完税交货	进口国内	所有
		DDP	Delivered Duty Paid	完税交货	进口国内	所有

3. 突发类新闻事件中信息图表的特点

（1）制作周期短

从"突发"两个字就可以看出突发类新闻事件有着时效性强的特点，高速发展的互联网时代，想对突发新闻事件进行主要报道，则要求图表编辑迅速反应，在最短的时间内制作最佳的图表效果，才能在有效时间内实现信息快速、有效地传播。

（2）题材常以重大事件为主

考虑到新闻传播的规律和新闻舆论的引导，一般来说能够做成信息图表的题材往往是重大事件或者线索比较复杂的事件，包括在国际上引起轰动的日本地震、美国总统选举、奥运会等。

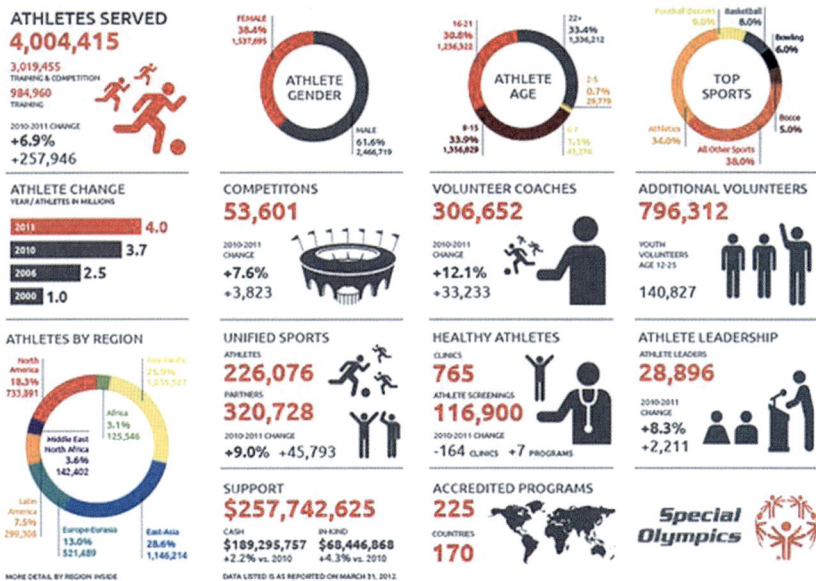

Special Olympics Reach Report 2011 Summary

（3）图表多以三维仿真图来呈现

对于一些特殊事件,用真实清晰的图片来进行事件表达往往是不现实的,而通过制作仿真图,能够最大化还原事故现场,也能让受众更加真切地感受到现场氛围。

【活动实施】

采用思维导图方式对常见新闻信息图表主要类型进行架构整理。

任务二　常见类型信息图表制作

【情景设计】

学习了信息图表类型和相关信息后,小丁迫不及待地画出了自己的第一张信息图表。然而,其对信息图表的了解还远远不够。对于不同的信息图表,应该有不同的准备和突出不同的重点内容,因此需要继续研究。

【任务分解】

了解几类常见信息图表的类型与特点,制作图表的准备工作以及重要环节。

活动1:科技类信息图表制作

【活动背景】

众所周知,神舟十三号载人飞船于2021年10月16日成功发射并停靠在中国空间站,创造了中国航天员连续在轨飞行时间的最长纪录。近几年,科技新闻进入了人们的视野,新闻的呈现方式更科学、更科技,比单一文字更容易让观众接受。因此,学习如何制作科技类新闻图表是保持媒体竞争力的一项基本技能。

【课堂引入】

假如让你报道三位宇航员在太空中过年的相关新闻,你将会做哪些准备工作呢？请结合在信息架构相关课程中所学的知识思考科技类新闻图表的制作方法。

【知识窗】

1. 科技类新闻图表的制作要点

科技类新闻图表的制作具有一定的专业性要求,制作过程中也常常要涉及常人难懂的专业术语,因此在对此类图表进行绘制时,应该要弄懂相关的基础原理和名词解释,避免由于绘制者自身的知识水平不足而导致信息图表呈现质量问题。

2. 制作科技类新闻图表的准备工作及重要环节

(1)准备工作

科技事件通常是可以预测的。因此,在初始阶段可以做很多准备,有助于提高事后报道的效率。在准备过程中,有必要详细了解和学习重要知识,还可咨询相关科研部门。报道重要事件一般应提前几个月着手准备,收集资源,避免因准备不足影响图表制作。

(2)重要部分

创建科学技术图表需要三个步骤。第一步是阅读相关文本信息,并提取关键信息,包括事件的时间、地点、技术参数和意义。第二步是添加图像并创建和显示协作图形。如果在这个过程中能取得真实图片,效果会更好;如果不能,可使用3D建模创建模拟图像。第三步是解释图表中的相关技术术语,以便用户在阅读过程中能准确理解相关专业知识。

【活动实施】

选取我国航天系列新闻内容进行信息图表报道。

科技类信息图表制作

活动2:财经类信息图表制作

财经类信息图表制作

【活动背景】

除去科技类新闻,财经类新闻可以说是占据新闻领域重要板块的存在。尤其从事媒体相关工作后,关于财经类新闻的报道更是要万分谨慎,面对财经类新闻的专业术语、各大公司的信息披露,应该如何进行信息选取与呈现,是应该思考的问题。

【课堂引入】

对于同学们而言,财经类新闻可以算是较为陌生的一类新闻,也正因为这份陌生,让同学们在阅读财经类新闻时产生很多困扰,这些困扰也正是媒体工作者在制作财经类新闻时需要考虑的内容。如何让读者读懂财经类新闻是关键。

【知识窗】

1. 财经类新闻图表的制作要点

（1）精准校对图表数据

相较于其他行业的数据而言,财经类新闻信息中的图表数据是最重要的信息,一旦出现错误,则会造成重大失误。数据的准确性影响着图表的质量和使用价值,因此做好数据校对工作至关重要。

（2）对专业术语和财经政策的把握度高

绘制者在对信息图表进行绘制时,主要体现的信息必须与当下的财经政策相吻合,而在专业术语的使用上,也要对不同名词的概念有深入理解,才能确保在制作时能够清晰地向受众表达出所要表达的内容。必要时应该为受众进行直观有效的名词解读。

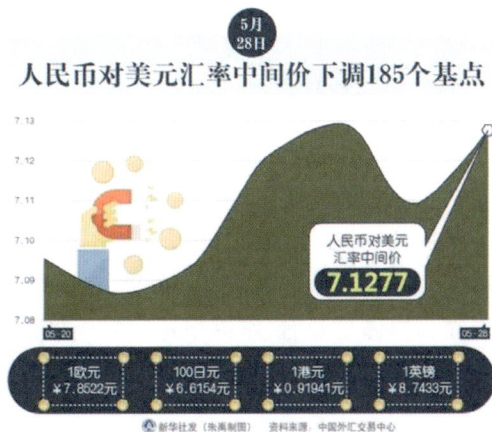

5月 28日

人民币对美元汇率中间价下调185个基点

人民币对美元汇率中间价 **7.1277**

| 1欧元 | 100日元 | 1港元 | 1英镑 |
| ￥7.8522元 | ￥6.6154元 | ￥0.91941元 | ￥8.7433元 |

新华社发（张禹制图）　资料来源：中国外汇交易中心

（3）财经类图表绘制画风应该清新简洁

对于大多数读者而言，财经相关信息本来就是较为晦涩的，如果将信息图表的画风也制作得复杂深化，反而加大了读取难度，无法深入浅出地传达所要表达的信息。

2.制作财经类新闻图表的准备工作及重要环节

（1）准备工作

在进行财经类新闻图表绘制工作时，首先要搜集此类信息常用的图形，包括各类币种的标志符号等内容，有一定素材的基础，进行内容制作才更加方便快捷。

（2）重要环节

经济数据图表的创建主要分为三个阶段：第一阶段是对要表达的数据进行排序，通过数据分组对数据进行基本处理，理清不同信息之间的逻辑关系，确定数据图表的内容和复杂性；在第二阶段，选择与不同数据匹配的图表类型，例如，最好使用曲线来展示各种指标的变化，这可以帮助用户更清楚地看到数据的变化和波动，如果只需要显示和比较来自不同元素类的数据，直方图可以提供更好的显示结果；最后一个阶段是生成图像，在此阶段应选择适当的工具，在创建图表时，应在图表中适当添加装饰，包括在准备工作中收集的各种元素，以便更灵活和生动地呈现数据。

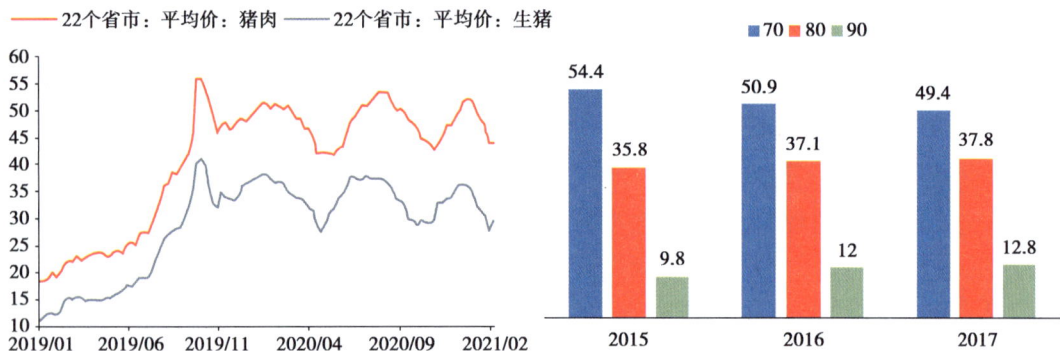

【活动实施】

选取大型企业的财经相关新闻内容进行信息图表报道。

活动3：突发事件类信息图表制作

突发事件类信息图表制作

【活动背景】

地震、海啸和台风等自然灾害是生活中时有发生的紧急情况。车祸、矿难等事故也是新闻中经常出现的意外新闻。作为媒体从业者，掌握报道突发新闻的能力非常重要。与其他新闻不同，报道突发事件通常需要准确的数据收集和快速的发布时间，对媒体工作者的工作能力要求更高。

【课堂引入】

互联网时代每个人都可以成为信息的发布者,这也导致突发事件发生时,网络上有着铺天盖地的信息,此时媒体工作者则承担着发布新闻事实、引导正向舆论的作用,在报道突发的新闻事件时也应有更多的考量。此时如果需要你来报道一则突发事件,你将会怎么做?

【知识窗】

1. 突发事件类新闻图表的制作要点

应对突发事件的关键是强调信息的准确性和传播者对公众负责的专业素质。一旦为了及时性而没有对图像进行详细检查,就很容易导致数据错误,当其他人将其传递,会造成严重的误导性传播效果。同时,可利用互联网上新闻信息的可编辑性呈现和报道关键事实。在事件发生时可首先进行简短报道,根据事件后续发展,对报道进行补充。此外,在报道过程中,必须注意对灾难现场的人道处理,以避免出现过度血腥的场景,违反新闻传播道德标准。

2. 制作突发事件类图表的准备工作及重要环节

(1)准备工作

为应对突发信息,必须提前准备部分内容,例如构建自己的材料库。尽管紧急情况不可预测,但与生命相关的紧急情况通常很常见,可以提前准备可使用的材料,建立材料库,如不同角色的图像、景观元素以及车辆等。

(2)重要环节

与前两个信息图表一样,映射突发事件需要三个步骤。第一步是根据紧急情况的内容选择必要的因素,甚至从以前的报告中学习。第二步是重新设计场景,如果在材料库中无法找到相应的图形元素,应重新设计。选择制作方法时,应以快速、准确发布为标准,不必浪费时间过多装饰图片。第三步是获取核心数据,例如报道地震时,有必要确定发生时间及震源的位置、深度等,尽可能高效地呈现通信图。

【活动实施】

选取突发事件的相关新闻内容进行信息图表报道。

项目三考核评价

表一　专业能力考核表

项目三:新闻信息图表主要类型				日期:　　年　　月　　日			考评员签字:	
姓名:				学号:			班级:	
认知常见新闻信息图表主要类型、特点	科技类——常规	科技类——重大	财经类——对比走势类	财经类——深度分析类	财经类——知识背景类	突发新闻事件类	—	—
							—	—
完成常见类型信息图表制作。把步骤或记录的信息填写在表格当中	科技类——专业术语	科技类——基础原理	财经类——校对数据	财经类——把握专业术语	财经类——把握财经政策	突发新闻事件类——信息精准	突发新闻事件类——素材准备	制作图表——准备工作及重要环节
	①不同的信息图表制作的方法有哪些不同? 请区别列举。②常见信息图表制作的类型与特点有哪些?							

表二　评价考核评分表

评分项	内容	分值	自评	互评	师评
职业素养考核(40%)	积极主动参加考核测试教学活动	10分			
	团队合作能力	10分			
	交流沟通协调能力	10分			
	遵守纪律,能够自我约束和管理	10分			

评分项	内容	分值	自评	互评	师评
专业能力考核(60%)	认识常见新闻信息图表主要类型、特点	20 分			
	完成常见类型信息图表制作,把步骤或记录的信息填写在表格当中	40 分			
得分合计					
总评	自评(20%)+互评(20%)+师评(60%)=	综合等级	教师(签名):		

项目四　信息架构下的信息图表可视化

【项目综述】

　　网络信息架构和信息图表是相互关联和不可分割的。基于学习网络信息架构的基本知识,绘制计算机图表通常是一个更清晰的绘制思路。该策略还为结合视觉创意制定了单独的规则。该项目的内容从理解制作过程中应用信息图表和视觉创意的呈现策略开始,以进一步培养学生创建信息图表的能力。

【项目目标】

通过本项目的学习,应达到的具体目标如下:
(1)知识目标
◇学习信息图表应用的呈现策略
◇了解信息图表制作过程中的视觉创意
(2)技能目标
◇掌握信息图表优化能力
◇掌握信息图表制作技巧
(3)思政和素养目标
◇锻炼学生综合性思维能力
◇培养学生创意创新精神

【项目思维导图】

```
                                              ┌─ 活动1：数据呈现策略
                                              ├─ 活动2：色彩呈现策略
            ┌─ 任务一  对项目三制作的图表内容进行方案优化 ─┤
            │                                 ├─ 活动3：图例呈现策略
信息架构下的信息图表可视化 ─┤                      └─ 活动4：图表呈现方法
            │
            └─ 任务二  信息图表可视化技巧 ── 活动：利用信息图表可视化技巧制作新闻图表
```

任务一　对项目三制作的图表内容进行方案优化

对项目三制作的
图表内容进行方案优化

【情景设计】

在上一项任务中,小丁和同学们一起选择对有关地震的突发事件进行了信息图表的基础绘制,可是面对绘制结果小丁同学并不满意。他发现自己虽然掌握了多种关于信息架构以及信息图表的相关知识,却还是做不到将两者融洽地结合呈现。

【任务分解】

通过本任务的学习,从数据、色彩、图例、图表等多方面来了解各类型信息图表可视化的呈现策略,同时在此基础上学习信息图表可视化的相关技巧,进一步完成对所绘制信息图表的优化工作。

活动1:数据呈现策略

【活动背景】

事实上,不同的信息内容有不同的呈现策略。近年来,我们在各种论坛上看到了"年度报告"。事实上,这些报告主要基于数据。因此,应培养根据数据特征选择合适的表示方式的能力。

【课堂引入】

以地震新闻为例,受害者人数往往是一个关键信息。请你帮助小丁改进信息图表制作,并思考如何为地震类型的突发新闻报道呈现数据。

【知识窗】

　　数据是信息图表的重要内容元素。无论图表的视觉效果如何，一旦出现数据错误，图表就会被销毁。在图表的数据呈现策略中，数据的质量取决于来源，通常数据来源必须为权威、可靠和公正的平台。如果选择由第三方审查的数据，应最大限度地提高数据的可信度。

　　不同的数据和图表有不同的显示方法。在选择某些方法时，还需要结合其目的。例如，通过汇编一诈骗案件中男性和女性人数的统计数据，并显示不同性别在总人数中的份额，饼图变得更加清晰。如果要根据数据比较不同性别的人数，选择直方图更清晰。

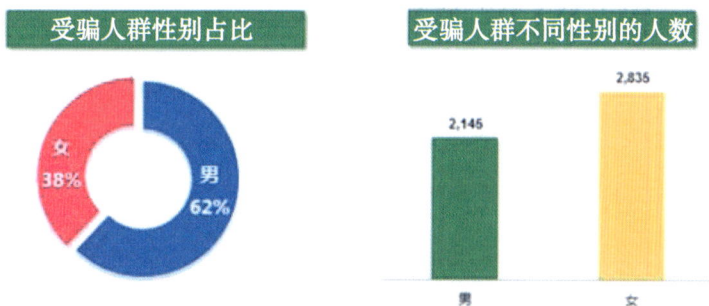

　　在使用数据时，一方面，应实事求是地呈现数据，且不存在个人情感偏见。另一方面，还必须坚持数字的准确性。例如在创建图表时，小数位数非常重要，有必要选择数据误差最小的图表显示方式。

【活动实施】

通过数据分析，用数据图表做一则预测性新闻。

活动 2：色彩呈现策略

【活动背景】

　　在面对地震这类自然灾害相关的新闻时，人们的心情大都是低落的，此时如果选择明亮的色彩进行信息呈现，必然不会被网友接受。针对新闻信息的特点选择合适的色彩策略十分重要。

【课堂引入】

　　请同学们思考，关于地震类突发新闻的报道，信息图表应该以哪种色彩呈现？应该规避哪些要素的存在？

【知识窗】

色彩表达包含四个色彩元素,即色调、纯度、明度和色调。调整相关因素指数会影响视觉表现。因此,应注意描述颜色性能的相关指标。

同时,我们应该了解人们对颜色的认知心理。相关理论认为,色彩能刺激人们产生丰富的心理信息,从而影响内容的传播。例如,红色能刺激神经系统,不仅会给人紧张的感觉,还会引起对饥饿的冲动反应;蓝色使人们平静下来,让人想起深而可靠的天空或海洋。此外,相关数据表明,蓝色是颜色中最流行的颜色。因此,在使用颜色时,注意不同颜色带来的心理效果,选择适合信息图形表达的颜色,有助于实现更好的沟通效果。

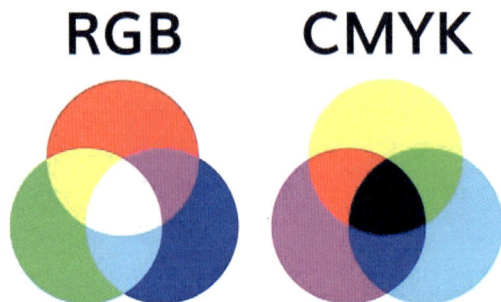

RGB、CMYK 是典型的颜色模式。但是,在使用颜色时,请确保图形窗口和设计窗口具有相同的理念。通过以相同的颜色显示相同的变量,读者可以更好地读取数据。不要同时在多个直方图中使用不同的颜色。因为强烈的颜色对比会分散读者的注意力,而使用相同色系的颜色创建对比会增强对比度。此外,在创建财务信息图表时,应注意使用红色以方便显示数据。

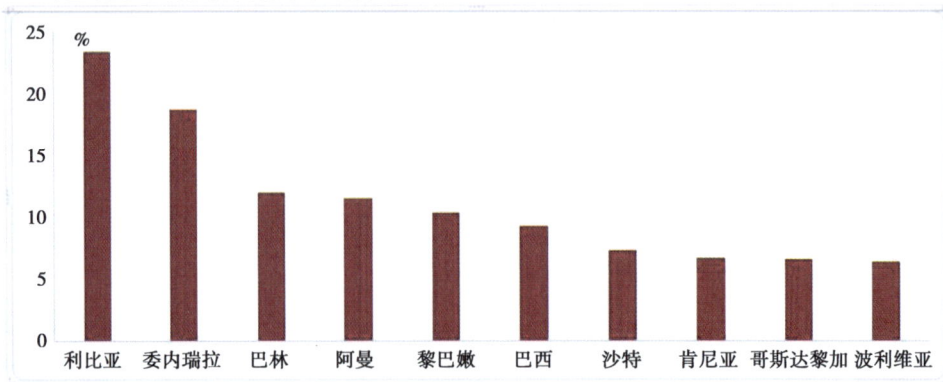
2018年全球重要经济体中财政赤字率的前十名

在使用色彩表达策略时,还应注意色盲和色弱读者的色彩创造力。生活中常见的色盲是红绿色盲。创建图形时,一方面,可以双重高亮显示重要元素帮助其区分。除了颜色的表达,还可以以数字字符的形式来解释它们,或者增强图形和数字字符,以便读者理解清楚所要表达的信息,而不区分颜色。另一方面,有必要强调颜色亮度的差异。对于红绿色盲来说,很难在阴影方面区分红色和绿色。然而,红色和绿色之间的差异可以通过调整颜色的亮度来实现,例如深红色和浅绿色、深绿色和粉红色等。通过定制彩色摄影的方式,可以帮助色盲和色弱在一定程度上区分颜色。

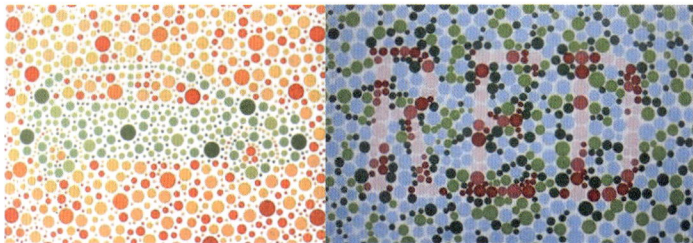

【活动实施】

运用色彩元素进行初稿创作,力求做到自然呈现色彩、个性体现色彩和细节凸显色彩。

活动3:图例呈现策略

【活动背景】

在报道地震类突发性新闻事件时,有关于地震的知识是大众陌生的,那么关于震源的信息报道要如何被大众读懂? 图例则是常用的表达方式。

【课堂引入】

不仅是地震类的突发性新闻,在财经类新闻中也常见图例的应用。图例的存在,能够帮助人们快速地读懂晦涩的知识点,但图例使用过多也会影响图表的呈现效果。如何在应用过程中把握好度,达到最好的呈现效果是应当考虑的问题。

【知识窗】

信息图表的呈现有助于组织新闻内容,读者可以仔细阅读图表以了解更多信息。但是,如果图表使用过多,则会影响阅读效果。

【活动实施】

将文字、图片、音频、视频、超链接、H5、AI、VR 等多媒体元素灵活运用。

活动4:图表呈现方法

【活动背景】

每个人都有自己的审美和喜好,在绘制信息图表时受到自身审美观念的影响,会在信息图表中大量应用自身喜欢的元素。但当作为一个媒体从业者进行新闻相关报道的信息图表制作时，不能只考虑自身审美而忽视受众需求。在进行信息图表制作时，不仅信息图表的美观度值得思考优化，如何让所呈现的信息图表被更多人接受更是要关注的问题。

【课堂引入】

互联网时代，"上热门""争热度"是各大媒体一直以来的竞争点，因此制作出更受读者欢迎的信息图表是媒体工作者必须具备的能力。这要求我们在学习过程中能够更加全面地认识到受众的分类和需求，这样才能在制作的过程中"对症下药"。

【知识窗】

1. 受众分类

至于信息图表的受众，也存在"外行看热闹，内行看门道"的情况，可大致分为密集型读者和浏览型读者。密集型读者阅读信息图表，是为了更清晰直观地了解相关行业数据和重要信息的趋势，对这类读者来说，在选择信息图表时更注重清晰、简洁和较少装饰性的图形；然而，浏览型读者对带有数据的无聊图表不感兴趣，通过添加视觉图形元素，信息图表可以转换成精致的图形，激发读者的兴趣。这就是为什么在创建信息图表时，要先查看信息图表最重要的受众群体，然后根据受众的需求创建图表。

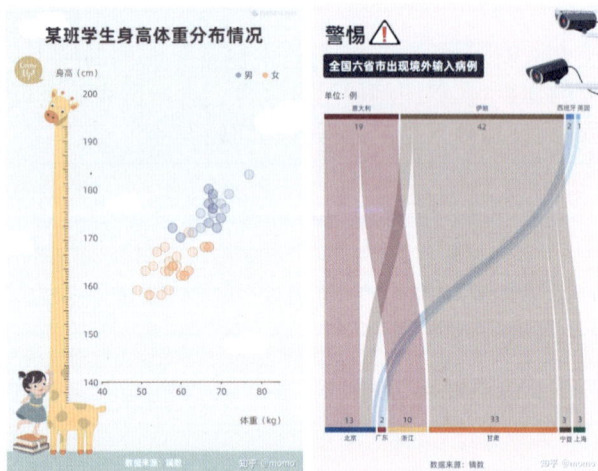

2. 呈现方法

信息图表的表示方法主要分为可视化方法、组织化方法和精细化方法。可视化方法通过图形表达主题，可以立即吸引观众的注意力；组织化方法以图表内容为目标，包括用于传达信息的数据、文本和其他符号，使其更具逻辑性、组织性和层次性，便于读者了解核心信息；精细化方法是指减少多余信息，突出主要和核心信息。每个图表的创意都可以应用这三种方法，但三种方法的强调程度不同，所以要善于把握三者之间的平衡。

【活动实施】

运用本任务知识对项目3所做图表进行初步优化。

任务二 信息图表可视化技巧

活动:利用信息图表可视化技巧制作新闻图表

信息图表可视化技巧

【活动背景】

通过上述的知识学习过程,基本认识了信息图表的呈现方法以及相关策略,在本任务信息图表可视化技巧的学习中,将重点放在基础图形创意、吸引度、视觉亮点、视觉导向等细节化的呈现特点上,进一步学习信息图表可视化的制作技巧。

【课堂引入】

随着互联网的快速发展以及大数据行业的不断探索,单纯的图形色彩呈现的视觉图表早已不在大众的审美取向内,更加精细化、创意化的图形成为各大平台和媒体的常用呈现方式。请谈谈两种呈现方式,你更喜欢哪一种? 并简要说明原因。

【知识窗】

1.基础图形创意

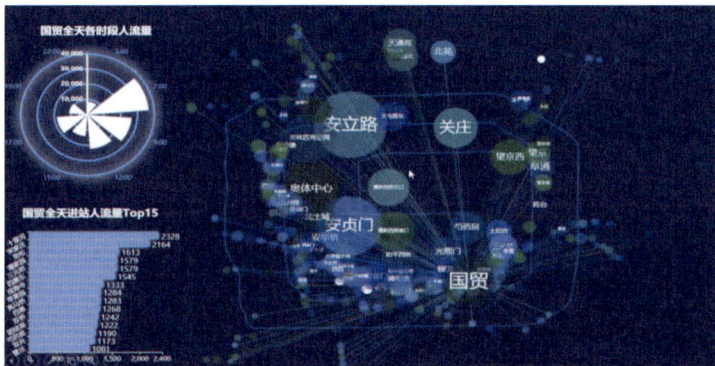

2.高吸引度与视觉亮点

互联网时代有许多在线平台。如果希望平台上的可见数据更引人关注,则需要创建具有更好表达效果的信息图表。在此过程中,需要考虑如何创建更具吸引力的信息图表,通过结合当前热点,利用幽默的表达技巧,更容易形成有吸引力的视觉亮点。

3.视觉导向与秩序

在信息图表中创建布局时,应首先遵循读者的阅读习惯。当大量信息出现在同一数据表中时,可以根据眼球运动规律将信息平稳高效地传输给读者。

【活动实施】

搜集整理我国第七次人口普查相关数据,制作新闻报道图表。

项目四考核评价

表一 专业能力考核表

项目四:信息架构下的信息图表可视化					日期: 年 月 日		考评员签字:		
姓名:					学号:		班级:		
根据图表内容进行方案优化	数据呈现策略	色彩呈现策略	图例呈现策略	图表呈现方法—受众分类	图表呈现方法—呈现方法	—	—	—	—
	□完成 □否	□完成 □否	□完成 □否	□完成 □否	□完成 □否	—	—	—	—
	①如何从数据、色彩、图例、图表等多方面来了解多类型信息图表可视化的呈现策略? ②常见的色彩模式包括哪些? 不同的色彩模式怎么运用? ③图例与图表的区别是什么? 呈现的策略有何不同?								
掌握信息图表可视化技巧,完成新闻报道图表制作。	基础图形创意	高吸引度与视觉亮点	视觉导向与秩序	—	—	—	—	—	—
	□完成 □否	□完成 □否	□完成 □否	—	—	—	—	—	—

表二 评价考核评分表

评分项	内容	分值	自评	互评	师评
职业素养考核(40%)	积极主动参加考核测试教学活动	10 分			
	团队合作能力	10 分			

评分项	内容	分值	自评	互评	师评
职业素养考核(40%)	交流沟通协调能力	10分			
	遵守纪律,能够自我约束和管理	10分			
专业能力考核(60%)	根据图表内容进行方案优化	30分			
	掌握信息图表可视化技巧,完成新闻报道图表制作	30分			
得分合计					
总评	自评(20%)+互评(20%)+师评(60%)=	综合等级		教师(签名):	

项目五　网络新闻信息图表可视化呈现与制作

【项目综述】

本项目是对网络信息架构与信息图表可视化的综合实践环节,在学习了两者相关的各项知识后,需要掌握系统的信息图表制作流程,包括准备工作、制作流程、原则选取到制作、呈现、讲解的全面步骤。

【项目目标】

通过本项目的学习,应达到的具体目标如下:
(1)知识目标
◇掌握信息图表制作的系统化流程
◇熟练应用各项视觉呈现策略
(2)技能目标
◇掌握信息图表动手制作能力
◇掌握定稿方案呈现与讲解能力
(3)思政和素养目标
◇锻炼学生综合性审美素养
◇提升信息辨别筛选能力
◇培养学生理性思维

【项目思维导图】

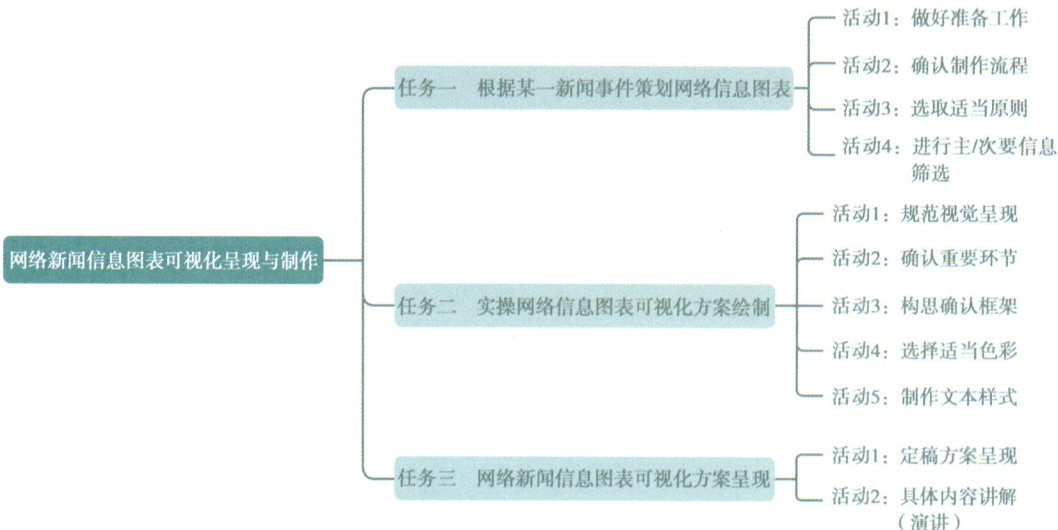

```
                                            ┌── 活动1：做好准备工作
                                            │
                        ┌─ 任务一  根据某一新闻事件策划网络信息图表 ──┼── 活动2：确认制作流程
                        │                   │
                        │                   ├── 活动3：选取适当原则
                        │                   │
                        │                   └── 活动4：进行主/次要信息
                        │                           筛选
                        │
                        │                       ┌── 活动1：规范视觉呈现
                        │                       │
                        │                       ├── 活动2：确认重要环节
网络新闻信息图表可视化呈现与制作 ─┼─ 任务二  实操网络信息图表可视化方案绘制 ──┼── 活动3：构思确认框架
                        │                       │
                        │                       ├── 活动4：选择适当色彩
                        │                       │
                        │                       └── 活动5：制作文本样式
                        │
                        │                       ┌── 活动1：定稿方案呈现
                        └─ 任务三  网络新闻信息图表可视化方案呈现 ──┤
                                                └── 活动2：具体内容讲解
                                                        （演讲）
```

任务一　根据某一新闻事件策划网络信息图表

【情景设计】

根据某一新闻事件
策划网络信息图表

自上一项目开始,关于网络信息图表绘制的学习正式步入实践阶段。小丁同学也投入到了根据新闻事件策划网络信息图表的实践中,并接到了一项新的任务——根据某一新闻事件策划网络信息图表。

【任务分解】

通过对网络新闻信息图表制作准备工作、制作流程等内容的学习来锻炼网络信息图表策划能力、网络信息图表制作水平以及对信息图表制作和流程的把握。

活动1:做好准备工作

【活动背景】

网络信息图表的制作是一项要求学生同时具备理论知识以及实操能力的任务,如果仅是在策划阶段有着丰富的想法却不具备真正的制作技能,是无法完成网络信息图表的制作的。

【课堂引入】

同学们是否知道制作网络信息图表应该采用哪些软件呢? 对相关技能应掌握到什么程度?

【知识窗】

1.考虑制图的前提条件

制作网络信息图表要求制作人员掌握一定的计算机软件应用技术和艺术欣赏水平以及经验,以确保图像制作达到知识传播和艺术欣赏的目的。

2.整理要创建的数据

在对数据进行排序以生成图表信息的过程中,收集的数据越充分越好,但需要对信息进行筛选和检查。为了避免收集到的数据模糊或错误,需要反复检查和确认。

3.平时做好积累的工作

制作信息卡必须以适当的准备和积累为基础。知识的具体生产过程需要几个部门之间的合作。完善数据库数据,积累坚实的绘图经验,并格式化完整的法律、法规和检查,以形成标准,确保信息图表制作。

活动2:确认制作流程

【活动背景】

在上一项活动中,同学们对绘制信息图表的准备工作进行了系统性的了解,这项活动则从确认制作流程出发,引导同学们进一步了解信息图表制作的细化流程,为实际操作做好准备。

【课堂引入】

如果现在让你代替小丁同学制作信息图表,你将会按照怎样的流程进行资料选取以及整体规划?请结合自己的想法开展本节内容的学习,在学习过程中找到自己思考中的不足。

【知识窗】

1.资料获取

获取资料是明确制作图表信息后的第一步,如果在对图片进行制作时,已经拥有了明确的文字稿和相关图片资料,则能够保证图片的顺利制作。反之则应及时和现场记者进行联系,对所需的信息进行必要的沟通。

2. 事实细节核实

在进行图表信息制作时,必须对相关的事实细节进行进一步核实,除非资料来源的确可靠,能够保证事实和观点,做到万无一失,否则在过程中都应该对制图所需的细节进行认真核实,最大限度地确认所制图表的真实性,确保所制作图表信息无遗漏,无差错。

3. 相关图形、图片搜寻选择

信息图表的优势在于能够把大量抽象的文字信息和数据进行图形化,除去通过软件将数据直接生成图表外,将所呈现的信息图像化和视觉化也是制图的关键。对此,可以通过自己绘图,也可以利用互联网的搜索功能寻找适合主题的图片的形象化元素并直接使用。

4. 整体规划创意

进行信息图表创意,要建立在了解所发布平台的基础上,包括相关平台对图片尺寸大小、形状的限制等,以确保制定出的图片能够最大化适用于所发布的平台。因此在进行信息图表创意时,可以进行前期的草图创意规划,提前设计更合理的版式,方便后期制作。

5. 制作图表

关于图表的制作,首先应该选择合适的软件,同时确保自身拥有关于图片制作的各项元素和制作软件能够实现增强信息视觉效果的各项功能。

6. 修改和校对定稿

信息图表制作完成后,需要经过层层审核才能将其进行发送,如何使所制作的信息图表展现出其最好的信息呈现效果,需要进行一定的润色、打磨和调整。这个过程便是信息图表制作后期的修改与校对过程,在此环节对信息图表制作的各项内容进行再次审核,避免信息突然发布后出现错误。

活动 3:选取适当原则

【活动背景】

通过对网络信息图表各项知识的学习,相信同学们已经了解了不同类型的信息图表应该有着不同的呈现方式,本节内容则是学习基于此基础上的深入知识点——对适当原则的选取。

【课堂引入】

通常在制作信息图表时都有着一定的制作目的,也在策划时期就有了想要的呈现效果,想要达到理想化的效果,就应该选择适当的原则。

【知识窗】

1. 准确度原则

制作信息图表必须坚持准确度原则。无论是对事物性质还是对数量的表述,都必须反映正确的情况,准确确定哪些对象应该排列在表格中,以确保事件真实性以及数据准确性。

2. 可读性原则

信息图表旨在使数据更易于读取。目前,各种媒体之间的竞争越来越激烈。有时,为了赢得观众,他们会思考更有创造性的图形创意,培养读者的阅读习惯。因此,读者越来越依赖页面上丰富的图形内容。重要的是,相关数据图表的制造人员应考虑如何基于受众的认知水平、阅读习惯和心理弹性,创建更可读和更易懂的图表。

3. 美化原则

创建信息图表时,应确保图像布局完整并将要显示的信息和内容显示完全。如果想吸引更多读者,则应该找到吸引读者的有趣点。例如,可以使用某些创意图形元素来吸引观众的注意力,但在创意方面,应小心捕捉观众的审美。或者,在信息非常杂乱的环境中,具有整洁和标准化创意的内容更能吸引读者。

4. 适度原则

尽管信息图表具有文本所不具有的视觉内容显示特性,但信息图表不能完全显示文本所能显示的信息内容。因此,在报道相关新闻时,应适当使用信息图表,不需要强调信息图表的主导地位。只有通过正确的应用,才能取得理想的表达效果。

5. 更新原则

部分新闻的构成要素有时不是固定不变的,例如奥运会开展过程中的奖牌榜,是随着时间的推移以及赛程的开展发生变动的。

赛程	奖牌榜		奥运项目	新闻	
排名	国家/地区	🥇	🥈	🥉	总计
①	🇨🇳 中国	29	17	16	62
②	🇺🇸 美国	22	25	17	64
③	🇯🇵 日本	17	6	10	33
4	🇦🇺 澳大利亚	14	4	15	33

在网络信息平台上,各个国家的奖牌数量可以以信息图表的形式更加清晰地显示出来,

奖牌数量也随着时间和进度的变化及时更新。创建这类信息图表时,应最大限度地提高可变信息的可编辑性。这意味着可以从技术角度进行编辑,即使制作者暂时无法处理,其他人也可以通过调整数据来更新图表。要注意的是,每次调整后都要确定信息的准确性。

活动4:进行主/次要信息筛选

【活动背景】

创建信息图表时有明确的主题,但部分没有足够专业经验或技能的媒体工作者,在创建图表时会逐渐偏离主题。例如,当运动员有获奖经历时,最初的目的是使用信息图表展示运动员在多项比赛中的获奖成绩。但在收集数据时,运动员在各种比赛中的表现吸引了他们。最后,呈现的信息图表包含获奖成就和运动员的复杂活动,因此读者无法在阅读时及时找到图表想要呈现的关键信息。

【课堂引入】

对于新闻报道过程中所涉及的信息主、次顺序,你有什么看法? 如果你是一位媒体工作者,在报道选手获奖成果时你会选择怎样的方式进行信息呈现?

【知识窗】

1. 主要信息的筛选

信息也有自己的层次。尽管数据表中包含的信息已经仔细选择过,但这并不意味着这些信息的重要性相同。因此,在选择时,需要区分信息的含义及主次级别,为关键信息留下重要位置,为重要性相对较低的信息留下次要位置。

2. 次要信息的表达

次要信息通常用于解释可能的趋势或当前情况的背景,它们不应该占据主导地位。最好的表现效果是以辅助信息的形式,充当上一个重要信息和下一个重要信息之间的连接。

3. 支持性信息的处理

支持性信息是指信息中文字描述过多或大量数据集中的地方。当主要信息激发了受众的阅读兴趣时,他们才会主动寻找支持性的信息进行阅读。支持性信息是对主要信息的细节化体现,是对内容的补充说明及论证。如针对某项破纪录的体育赛事进行报道,破纪录事件属于主要信息,之前的纪录属于次要信息,而关于打破纪录的详细情况,则属于支持性信息。当此类信息在图表上进行展示时,要注重其存在的空间要明显小于主、次要信息。

4.倒金字塔结构的运用

关于倒金字塔结构的运用,可以将其理解为讲述一个故事时,要挑重要的、精彩的内容说。在进行信息图表制作时也是同样的,先将重要、新鲜、精彩的事实放到前面,直接满足人们的阅读需求,而后通过信息的展开性描述,给读者深入阅读的空间。

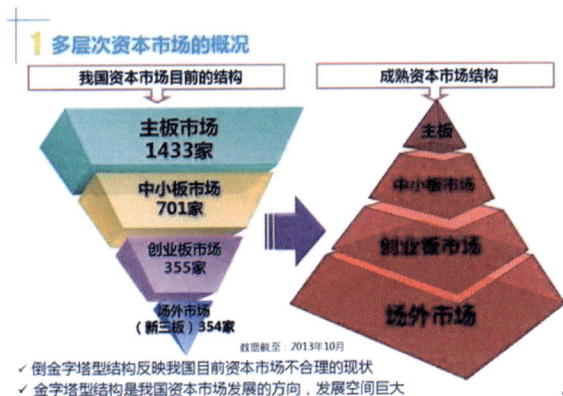

【活动实施】

根据某一新闻事件策划网络信息图表,做好准备工作、确认制作流程、选取适当原则、进行主/次要信息筛选。

任务二　实操网络信息图表可视化方案绘制

【情景设计】

实操网络信息图表可视化方案绘制

在前面的学习过程中,我们根据新闻事件策划了信息图表,任务二将实操网络信息图表的绘制,从规范视觉呈现细化到文字样式制作的各项知识点都包含在每项活动内容中,快和小丁同学一起完善自己的图表吧。

【任务分解】

规范视觉呈现、确认重要环节、构思确认框架、选择适当色彩、制作文字样式。

活动1:规范视觉呈现

【活动背景】

视觉呈现是绘制信息图表的第一要点,针对不同类型的内容有着各自不同的视觉呈现规范,在规范内进行合理化的设计,能够达到理想化的信息图表呈现效果,偏离视觉呈现规范的设计或将难以被大众接受。

【课堂引入】

结合生活实例思考,有没有遇到过不能理解的创意? 并谈一谈自己对不同信息图表视觉呈现规范的看法。

【知识窗】

1.线形图的视觉呈现规范

线形图通常用于显示一个或多个事物的发展状态和趋势。制作线形图表要思考图表横纵坐标的意义,要准确地体现各个元素之间的相互关系。百分比和均值一般保留一位小数,数据表中的数字不带单位符号或%字样。一般纵横坐标的比例为5∶7比较合适。决定在一幅图内放置几条曲线,应以可辨性作为原则;尽量用简明的几何图形表示数据,如空心的或实心的圆、三角形、正方形或菱形;尽量采用黑白图,不用彩图。

2.条状图的视觉呈现规范

条状图的视觉呈现必须标准化。注意条状的宽度和颜色。两列条状之间应留出适当的空隙,以使呈现效果更舒适。一幅好的条状图应该具备如下几个特点:一是补充而不是复制文本的内容;二是简明扼要描述基本事实,省略不必要的细节;三是清晰标明各要素(如度量单位、符号以及缩略语等),要让人容易看清楚;四是容易理解,易于对比,条状图中不同的条要用有明显区别的线条图案来区分,如果使用灰度来区分,那么不同条之间的灰度要有较大的差别;五是同一篇文章中同一性质的条状图要有一致性,即字体号、主辅线条粗细、单位符号等要一致。最后,图中未能表达又需要表达的信息应在图注中说明。

3.饼状图的视觉呈现规范

饼状图用来显示系列百分比占有率或者总量的细目分类信息,对比几个数据在其形成的总和中所占百分比用饼图来表达比较直观。每一块都要显示类别名称和数值,如果块足够大,类别名称和数值应置于块内。此外,顺序是有规则的,要么类别名称本身具有一定的顺序,要么就按块的大小排列。当比较不同资料的百分比构成时,可以画两个相等大小的圆。

4.面积图的视觉呈现规范

面积图显示一段时间内的数据变动情况,比抽象图形和文本图形所传达的信息更直观、生动。一般不留边线,主要通过色块所覆盖的大小增加视觉效果。一般也不加数值,刻度线标签一般和时间有关系。

活动2:确认重要环节

【活动背景】

一个简单的信息图表在制作时要耗费大量的精力,在制作前明确主题,选择合适的策略能够避免制作过程中的反复修改,反之因为配色等其他视觉呈现问题反复修改则会加大制作成本,浪费时间。

【课堂引入】

制作信息图表的一项重要工作,就是为自身所要制作的图表确定合适的主题,你认为在确定主题的过程中应该包含哪些要素?

【知识窗】

1.确定合适的主题

选题决策是新闻报道的第一步,明确了新闻报道的方向,考虑选题是否适合制作信息图表。并非所有的新闻都需要通过信息图表的制定进行信息呈现,以下内容是可以考虑信息图表的:

①报道中涵盖数字百分比等数据、比较发展趋势的信息要素。

②事件发生的地点十分重要,且可以寻找到最新的地图。如某地发生地震时,可以通过信息图表的方式进行地理位置的明确。

③事件发展能够按照时间顺序进行梳理,如奥运会相关事件,都可以通过信息图表进行

呈现。

④信息要素重大、需要进行强调,包括重大突发事件、建设成就或是经济发展的相关事项。

⑤结构清晰、有明确的要点,可以通过制作信息图表,帮助读者快速理解内容。

⑥有专业化术语名词需要解释时,信息图表能够更加清晰地展示内容,方便读者对所需要了解的信息进行查阅。

2. 搜集和提炼信息

在处理信息图表时,信息收集主要基于书面材料和相关信息,包括记者发布的采访材料、相关部门和官方网站的统计数据、专业图集等。作为一个信息处理者,应熟悉可以收集信息的渠道,包括在互联网上搜索人、书籍和信息等。

当数据量巨大时,原始数据十分复杂。为了更好地展示数据,须对其进行提炼、处理。在此过程中,应关注要表达的内容实质,去除冗杂信息,达到"一张图就胜过了千言万语"的传播效果。

活动3:构思确认框架

【活动背景】

在创建信息图表时,制作人通常会提前在脑海中或在设计纸上构思出大致的框架。在制作过程中,合理的视觉创意和数据图表的创意可以加快工作效率。相反,在制作数据图表的过程中边做边思考,这很容易出现问题,浪费时间。

【课堂引入】

你认为在进行信息图表绘制时,应该进行哪些创意构思? 请带着这个问题来学习本节内容。

【知识窗】

1. 视觉思维与创意构思

呈现视觉思维需要四个阶段:首先应选择数据、观察数据;其次,应通过观察对所选定数据进行分类;然后发挥想象力构建内容框架;最后通过生成图像来展示内容。

2. 确定合适的构图

构图,也被称为布局,是一幅和谐完整的画面,在信息图表的创建中指信息的整合和呈现。常用的构图方法包括基本构图、内容组合构图、对称构图、阅读顺序、段落和分段。

活动 4：选择适当色彩

【活动背景】

在前文中提到颜色对信息图表的展示效果有重要影响。如果不了解颜色的应用，所选择的颜色风格与新闻事件本身的风格不匹配，则可能导致无法达到预期的浏览量和点击量，甚至可能引起读者的愤怒，带来无法弥补的损失。

【课堂引入】

观察身边的物品，思考自己是否有喜爱的色彩风格或排斥的色彩风格，然后根据实际生活思索色彩对受众阅读的影响。

【知识窗】

要选择图标的颜色，首先选择阴影的亮度，即屏幕颜色的亮度。在选择图表颜色的亮度时，应注意不同媒体之间颜色呈现的差异。

同时，有必要知道色调的常见应用范围。例如，在发生灾难时，通常选择冷色调；如果报道节日和聚会，最好使用红色、黄色或其他与节日相关的颜色；神秘的蓝色和紫色经常用于工业技术和科学普及；绿色、卡其色被广泛用于制作农业、环境和自然相关的数据图表；介于黑色和灰色之间的颜色常用于报道紧急情况，如灾难和事故；金融和经济图表并没有固定的色调，而是更注重整体基调的和谐统一。

此外，在选择颜色时，应注意合理使用白色空间。正如中国画强调留白，图像超载会导致读者视觉疲劳。

活动 5：制作文本样式

【活动背景】

文本风格是指在生成信息图表时需要制作者自己创造性思维的内容。在生成文本样式时，字体和字体大小以及行距和字体间距都会影响读者的阅读体验。因此，本节介绍了文本样式生成过程的各种元素。

【课堂引入】

在呈现可视化信息图时,即使是文字也不同于普通的表达形式,还需要创造性的设计。例如,可视信息和其他创意在生产过程中非常重要。字幕制作的研究也是本任务的最后一个中心内容。学习结束后,学生将能够掌握制作和展示信息图表的基本技能。

【知识窗】

文本样式还影响信息图形中信息的显示。请注意图表中列出的字符和数字的字体、字号、行距和间距,通常使用带有粗体首字母、中间线、粗体字体和变体的常用字体。

应注意使用过多的艺术字体来装饰相关内容。不要使用带有过厚刷孔的黑色和橙色字体,这可能会导致严重的压力。相反,画笔过薄的字体包括常规字体、歌曲字体和纯金字体。此外,这类内容所呈现的图像感觉不好。

创建信息图时,有时需要显示多行文本。为了显示数据图,有必要适当管理文本的间距,最大限度地提高文本的一致性和和谐度,避免读者在阅读过程出现视觉疲劳。

【活动实施】

如果需要根据接下来一周的天气制作新闻报道,你会选择哪种方式进行? 颜色及色彩如何选择? 尝试制作信息图表。

任务三　网络新闻信息图表可视化方案呈现

【情景设计】

网络新闻信息图表可视化方案呈现

在工作流程中,媒体工作者创建的信息图表在发布之前必须经过审核或管理层的批准。因此,提出自己的计划和解释某些内容决定了自己的工作成果是否通过检查。准备呈现和解释计划的人员也必须经过培训。

【任务分解】

在整体方案设计过程中,设计团队会根据新闻生产效果,要求记者补充相关新闻数据。最后,设计方案定稿后,图形设计、市场开发、信息文案同步进入数据新闻生产领域。

活动1:定稿方案呈现

【活动背景】

在前面的任务中,曾结合自身所学知识制作了一周天气图表,本活动将根据所制作的天气图表进行实践展示,不再做知识讲解。

【课堂引入】

请对自己所制作的一周天气图表进行最后的修改完善,确认定稿,为后续讲解工作做准备。

【活动实施】

完善自身所制作的一周天气新闻信息图表。

活动2:具体内容讲解(演讲)

【活动背景】

如前所述,信息图表的呈现效果与制作人向公众展示内容的能力也有关系。本活动要求学生解释所创建图表的内容。从口译技能培训开始,学生能够创建图表并同时进行解释,从而真正满足未来工作的需要。

【课堂引入】

在上一项活动中已经对自身所制作的一周天气信息图表进行了完善,现在就以一名新闻网站图表制作者的身份对制作的图表内容进行讲解。

【活动实施】

对自己创意制作的一周天气新闻图表进行具体内容讲解。

项目五考核评价

表一 专业能力考核表

项目五:网络新闻信息图表可视化呈现与制作		日期: 年 月 日				考评员签字:			
姓名:		学号:				班级:			
根据某一新闻事件策划网络信息图表	做好准备工作——考虑制图前提条件	做好准备工作——整理所需准备资料	做好准备工作——平时做好积累工作	确认制作流程——资料获取	确认制作流程——事实细节核实	确认制作流程——制作图表	确认制作流程——修改和校对定稿	选取适当原则——准确/易读/美化/适度/更新	进行主/次要信息筛选
	□完成 □否	□完成 □否	□完成 □否	□完成 □否	□完成 □否	□完成 □否	□完成 □否	□完成 □否	□完成 □否
实操网络信息图表可视化方案绘制	规范视觉呈现	确认重要环节	构思确认构图	选择适当色彩	文字样式制作	—	—	—	—
	□完成 □否	□完成 □否	□完成 □否	□完成 □否	□完成 □否	—	—	—	—
在可视化方案呈现的实训操作的基础上,熟悉3个问题的内容,并从中任意抽取1题,作详细陈述	①定稿方案呈现的工作流程是什么? ②内容演讲的步骤是哪些? ③如何做到将方案完美地演讲出来?								

表二 评价考核评分表

评分项	内容	分值	自评	互评	师评
职业素养考核(40%)	积极主动参加考核测试教学活动	10分			
	团队合作能力	10分			
	交流沟通协调能力	10分			
	遵守纪律,能够自我约束和管理	10分			
专业能力考核(60%)	根据某一新闻事件策划网络信息图表	20分			
	实操网络信息图表可视化方案绘制	20分			
	在可视化方案呈现的实训操作的基础上,熟悉3个问题的内容,并从中任意抽取1题,作详细陈述	20分			
得分合计					
总评	自评(20%)+互评(20%)+师评(60%)=	综合等级		教师(签名):	

能力模块三　网络信息图表介入下的图标创意制作

项目一　信息图表介入下的图标创意

【项目综述】

在前两个模块中,学习了有关网络架构和图标创意的各种基本知识,以及相关的制作和应用技能。对于小丁来说,在实际获取证书和未来的求职过程中,需要综合运用网络架构和图标创意的知识。此外,随着信息技术的快速发展,信息图表在未来推动互联网的图标创意中将发挥越来越重要的作用。

【项目目标】

通过本项目的学习,应达到的具体目标如下:
(1)知识目标
◇了解信息图表在图标创意中存在的问题
◇学习信息图表介入下的视觉表现定位
◇认识信息图表与图标创意的新型关系
(2)技能目标
◇掌握解决信息图表在图标创意中存在问题的策略
◇能够制作多风格信息图表
◇掌握草图绘制图标创意的能力
(3)思政和素养目标
◇培养学生审美素养
◇锻炼学生理性思维
◇培养学生创新能力

【项目思维导图】

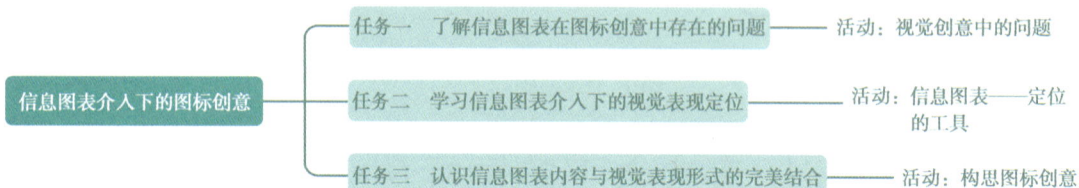

```
                              ┌─ 任务一  了解信息图表在图标创意中存在的问题 ── 活动：视觉创意中的问题
                              │
信息图表介入下的图标创意 ──────┼─ 任务二  学习信息图表介入下的视觉表现定位 ──── 活动：信息图表——定位
                              │                                                        的工具
                              │
                              └─ 任务三  认识信息图表内容与视觉表现形式的完美结合 ── 活动：构思图标创意
```

任务一　了解信息图表在图标创意中存在的问题

信息图表在图标创意中存在的问题

【情景设计】

创建图标的目的是吸引公众选择图标创作者发布阅读的信息平台，只有达到理想的呈现效果，才能达到这样的目的。在这个过程中，一个好的数据图表是成功的一半。

【任务分解】

理解什么是毫无包容性的配色方案、没有足够多的颜色种类、难以区分层级的配色方案。

活动：视觉创意中的问题

【活动背景】

随着人们生活中的物质需求逐渐得到满足，公众对"美学"和"质感"的渴望越来越大。平台呈现的视觉图标的特征在某种程度上也代表了平台本身的风格。在这个"好酒怕深巷"的时代，只有制作出足够吸引用户的图标，才能让更多人真正看到丰富的内容。

【课堂引入】

简而言之，为什么有的 APP 被人说土？为什么红配黄总被人吐槽是西红柿鸡蛋汤配色？实际上是因为相关创意者对于配色方案的把握不当，影响了最终图标的视觉呈现。

【知识窗】

1.毫无包容性的配色方案

视觉色彩匹配可以满足视觉欣赏的需要,需要随着亮度的变化而变化。在视觉创意过程中,还要注意颜色的包容性原则,注意色块的颜色选择能够让包括色盲在内的受众都能获得良好的视觉体验,比如要避免绿色和棕色、蓝色和灰色这样的颜色组合。

毫无包容性的配色方案

正常模式　　　　红色盲模式　　　　灰度模式

2.没有足够多的颜色种类

大多数配色方案存在的问题都是因为其没有足够多的颜色种类,在进行可视化信息图表创意时,至少要保证其有 6 种颜色的存在。

没有足够多的颜色种类

3.难以区分层级的配色方案

在进行信息图表创意时,有人会选择渐变的配色方案来展示层级问题,但当分类过多时,渐变色则变得区别较小,难以区分数据的呈现。

难以区分层级的配色方案

【活动实施】

针对信息图表在图标创意中的问题小组探讨优化策略。

任务二　学习信息图表介入下的视觉表现定位

信息图表介入下的视觉表现定位

【情景设计】

视觉性能定位是一个科学、动态的过程,主要基于以往的信息研究成果。根据不同的符号属性,信息架构方法对视觉呈现位置的影响必须不同。信息架构的方法可以有效地提醒创意人从知识接触点的层面进行思考,给传统图标创意的视觉表达带来新的推动力,并发挥基础性和决定性作用。

【任务分解】

行为地图与信息聚焦、定位与机会点剖析、追求高品质人群的品质视觉表现、大众的实惠视觉表现

活动:信息图表——定位的工具

【课堂引入】

图标创意目前与人们的日常生活密切相关,其目标群体涵盖了广泛的主题,因此在该领域使用了互动创意和产品创意的研究工具"行为地图"和传统定位工具"信息焦点"。一起探索图标创意的视觉表达。讨论符号如何从片面的"我是谁"转变为以与用户对话为导向的概念。

【知识窗】

1.行为地图

行为地图是一种工具,用于在符号创意定位阶段对符号的接触点进行排序,并分析行为背后的用户需求,以找到符号的问题点和机会。它可以有效地汇集市场研究中的许多零散信息。

通常,直观地绘制带有时间或行为提示的简单信息图表,以描述用户如何参与图标体验。

行为地图是一种切割和利用情境不同元素的方法,基于大量研究的灵活应用,以寻找产品或图标描绘的视觉表达机会。

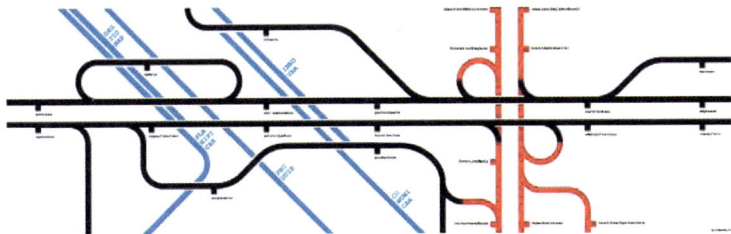

2. 信息焦点

信息焦点是一种互动工具,用于阐明图标视觉表现的位置。这是一种基于市场调查的视觉定位搜索活动。在头脑风暴会议中,项目团队搜索表示图标视觉性能属性的关键词,通常是形容词。需要对标准化之外的结果进行科学、精确的理性分析和汇总。在这种背景下,创作者应该发现自己处于不同的情况下,公司、用户和市场通过沉浸式的不同思维寻求精确定位。

3. 信息图表介入下的视觉表现定位

(1)图标创意的常规视觉表现定位

图标目前较大众化、广泛化。人群辐射范围广,定位方式有两种:一种为依据人群的特征如年龄层的差异等来确定图标概念及视觉表现定位;另一种为根据图标的功能定位,以泛人群为目标。

(2)信息图表介入的图标创意视觉表现定位与机会点

基于对以上常规定位方式的研究与大量数据的收集表明:由于常规视觉表现差距不大,与用户的年龄、职业、收入等并无绝对对等的关系。因此,本任务提出信息架构介入下的人群细分法与视觉表现细分法来寻找差别化的图标视觉表现,依据信息架构挖掘出的用户需求进行人群细分以及视觉表现定位。

①追求高品质人群的品质视觉表现。

细腻、质感化的表现手法是追求高品质生活用户的主要需求,也是目前界面上已经存在的中高端图标创意的主要视觉表现。由于技术创新的难度高,导致该类图标创新面临极大的挑战,因此,应当积极地探索概念创新,寻找独特的视觉点,借助情感、文化等赋予图标个性,增加视觉表现的附加值。

②大众的简单视觉表现。

形态、色彩简洁明了的表现手法是大众用户的视觉需求。根据大众对图标简单、可看的要求，对使用情境下用户的行为、动作、使用目的以及需求的研究进行简单的视觉表现设计。

【活动实施】

针对某一款 App 制订适应不同用户的多种风格。

任务三　认识信息图表内容与视觉表现形式的完美结合

信息图表内容与
视觉表现形式的完美结合

【情景设计】

图标在生活中无处不在，服务于大众，有着指引、交互、互通等错综复杂的情感体验和交流。在人与图标的关系中，图标为人的生活提供舒适与便捷。

【任务分解】

信息图表与图标创意的新型关系、视觉元素的提炼与应用。

活动：构思图标创意

【课堂引入】

图标的使用情境决定了使用行为，表现为依据场所划分图标。请问同学们觉得自己手机上哪款 App 的图标最好看？原因是什么？

【知识窗】

1. 信息图表（内容）与视觉表现（形式）的完美结合

通过互动，视觉创意首先满足展示产品和信息架构、信息的清晰可读性和传达情感的要求。信息时代对嗅觉、味觉和感知的需求已经被彻底研究。优秀的信息架构和视觉创造力是来自视听渠道的大量信息积累的结果。视觉语言可以通过分层、分类和比较来处理产品概念和信息。视觉创意有多种表现形式，色彩丰富，层次分明。信息架构巧妙地列出了一条视觉"路径"，它完美地匹配了视觉创造力并相互补充。

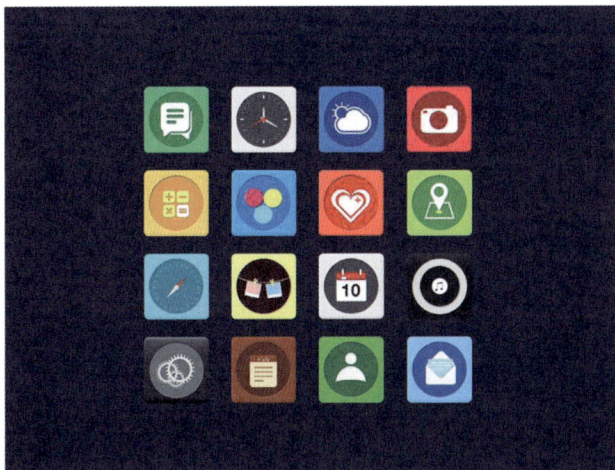

2. 信息图表下的视觉元素提炼与应用

信息架构是信息的组织结构。它的任务是在信息和用户之间创建一个通道，以便用户能够获得他们想要的信息。强大的数据架构可帮助用户逐步获得所需的信息。

视觉元素的构成丰富且不断变化。创作者经常针对作品的目标群众,具体或全面地使用点、线、面和各种颜色,并不断依赖视觉表达资源,如视觉吸引、刺激、启示、情感等进行创意。在主题图标创意中,视觉元素必须作为信息架构的起点。根据信息架构的主题,应该对元素进行压缩、排序,并适当地选择和应用。

【活动实施】

选择 5 款常用的手机 App,尝试进行图标创意构思,可以选择草稿的方式进行草图绘制。

项目一考核评价

表一　专业能力考核表

项目一:信息图表介入下的图标创意		日期:　　年　　月　　日		考评员签字:
姓名:		学号:		班级:
认识信息图表在图标创意中的问题	①在视觉创意中遇到的问题会有哪些?请思考? ②什么样的配色方案不可用?为什么? ③颜色种类应该保证有几种以上才可实施?			
学习信息图表介入下的视觉表现定位	行为地图	信息聚焦	定位与机会点剖析	品质人群视觉定位表现	普通人群视觉定位表现
	□是 □无	□是 □无	□是 □无	□是 □无	□是 □无
	①视觉表现定位的工具有哪里?有什么区别?如何运用? ②人群的不同,视觉表现定位如何不同?重点是什么?				
认识信息图表内容与视觉表现形式如何进行完美结合	①信息图表与图标创意的新型关系是什么? ②图标的使用情境有哪些?如何进行划分? ③在信息图表的指引下,如何进行视觉元素提炼与应用?请举例说明。 ④选择 5 款常用的 App,以草稿方式进行绘制。				

表二　评价考核评分表

评分项	内容	分值	自评	互评	师评
职业素养考核(40%)	积极主动参加考核测试教学活动	10 分			
	团队合作能力	10 分			
	交流沟通协调能力	10 分			
	遵守纪律,能够自我约束和管理	10 分			

续表

评分项	内容	分值	自评	互评	师评
专业能力考核(60%)	认识信息图表在图标创意中的问题	20 分			
	学习信息图表介入下的视觉表现定位	20 分			
	认识信息图表内容与视觉表现形式如何进行完美结合	20 分			
得分合计					
总评	自评(20%)+互评(20%)+师评(60%)=	综合等级	教师(签名):		

项目二　信息图表下图标创意的技巧与步骤

【项目综述】

在前面各项内容的学习过程中,可以清晰地看到无论是哪种内容的制作都应注重原则与方法的选择,并利用相关技巧呈现出理想化的成果。对于信息图表下图标创意的制作而言,同样也是具备技巧与步骤的。

【项目目标】

通过本项目的学习,应达到的具体目标如下:
(1)知识目标
◇了解图标创意制作的原则与方法
◇学习图标创意制作的相关技巧与规范
(2)技能目标
◇能够绘制草图并进行细节整合
◇能够使用计算机进行初步图标制作
(3)思政和素养目标
◇培养自主思维能力
◇锻炼动手能力
◇培养全面发展

【项目思维导图】

信息图表下图标创意的技巧与步骤 —— 任务　针对某一新闻App进行创意图标制作 —— 活动1：注重原则与方法的选择

活动2：利用创意技巧与规范

活动3：绘制草图并进行细节整合

活动4：AI/PS创意图标计算机整套初稿制作

任务　针对某一新闻 App 进行创意图标制作

【情景设计】

在备考中的小丁同学接到了一项任务,要求他针对某一款新闻 App 进行创意图标制作。虽然全面学习了关于图标创意的诸多知识,小丁同学有了扎实的知识积累,但在实际创意制作的过程中仍然不够自信,希望能够学习更多关于制作的技巧与方法。

【任务分解】

认识信息图表下图标创意的原则与方法,了解信息图表下图标创意的技巧与规范。

活动 1：注重原则与方法的选择

【活动背景】

应该遵循针对性原则、典型性原则、争议性原则和时新性原则。在学习案例时,要善于提出问题,多思考。

【课堂引入】

在进行创意图标制作过程中,需要明确自己的创意目的以及自己想要的应用效果。

【知识窗】

以产品信息内容为诉求中心,是基于信息架构下图标创意的根本原则。现代图标创意在形式上日趋符号化,以策划意识为先导,强调对图标的系统运用策略和计划性;强调对系列功效的利用;强调系列内部的配套协调和互补。以创造性为最高要求,以创意为中心展示创意。

1.多样化的原则

（1）可识别性原则

图标创意的基本原则就是要尽可能地发挥图标的优点:比文字直观、漂亮、易懂,简洁明了。可识别性原则即图标的图形要能准确表达相应的操作。换言之,就是看到一个图标,就要明白它所代表的含义,这就是图标创意的灵魂。

（2）差异性原则

差异性原则,意思就是如果一个界面上有几个图标,用户一眼看上去,要能第一时间感觉到它们之间的差异。这是图标创意中很重要的一条原则,但也是在创意中最容易被忽略的一条原则。

（3）合适的精细度

现在的图标创作者往往陷入了一个误区,片面追求精细、高光和质感。其实,图标的可用性随着精细度的变化,是一个类似于波峰的曲线。在初始阶段,图标可用性会随着精细度的变化而上升,但是达到一定精细度以后,图标的可用性往往会随着图标的精细度而下降。

（4）风格统一性原则

我们经常会看到很多界面上堆砌着各种不同风格的图标,显然这些图标都是从互联网上收集起来的,由于没有完全配套的图标,只能东拼西凑,导致界面显得杂乱。

统一风格为什么这么重要,理解这一点,就会明白互联网上有数百万的图标资源,为什么很多客户还要花钱寻找一个图标创意师。一套好的图标,要有统一的风格,可提高品牌辨识度。这条原则,很多创意师都明白,但是真正实现起来,也许并不那么容易。

在创意之前,先作如下定义:

是简约的,还是精致的;是平面的,还是立体的;是古典的,还是现代的;是写实的,还是卡通的;是单色的,还是多彩的;是绚丽的,还是柔和的;是抽象的,还是具体的;是有框的,还是无框的……

然后在白纸上勾勒出草图,用什么符号图形代表什么操作,在画的时候,尽可能地围绕第一步的风格定义。

最后应统一色彩。

2. 与环境的协调性

任何类型的图标都是不可能单独存在的,图标最终是要放在界面上才会起作用。因此,图标的创意,要考虑图标所处的环境,即这样的图标是否适合这样的界面。

比如界面是扁平的、简约的,可以考虑用一些简单的符号或者图形来创意图标,这样整个界面会很协调,不要认为这样的图标是简陋的,其实这种图标的可识别性是非常高的,在简洁的界面里会透露出一种简约之美。

3. 视觉效果

追求视觉效果,一定要在保证差异性、可识别性、统一性、协调性原则的基础上,先满足基本的功能需求,再考虑更高层次的要求——情感需求。

图标创意的视觉效果,很大程度上取决于创作者的天赋、审美和艺术修养,精美的视觉效果不但会给人美感,而且更让人心情愉悦。

4. 原创性

本节对创作者提出了更高的要求,这是一个挑战。图标创意的原创性不是必要的,因为目前有许多图标样式被广泛授权使用,并且有一些样式具有高可用性。过度追求图标的原创性和艺术效果,反而可能降低图标的可用性。当然,这里也要考虑产品的重点,如果产品要求考虑更多的情感创造力和完整的艺术效果,就没有什么错。原创性和可用性的平衡和统一是在本课程中必须解决的问题。永远记住图标的价值在于它们比文字更直观,但如果失去了要表达的内涵,就失去了图标的意义。

5. 尺寸大小与格式

栅格是创意图标的一个重要概念,事实上对于任何图形来说都是。当为网站起草一个布局模型的时候,它非常有用,它可以作为辅助线和标尺来限制页宽、模型和文字域等。图标也很类似,需要将它们设置到指定的大小。最常见的尺寸:16×16 px,24×24 px,32×32 px,48×48 px,64×64 px,72×72 px,128×128 px,256×256 px。

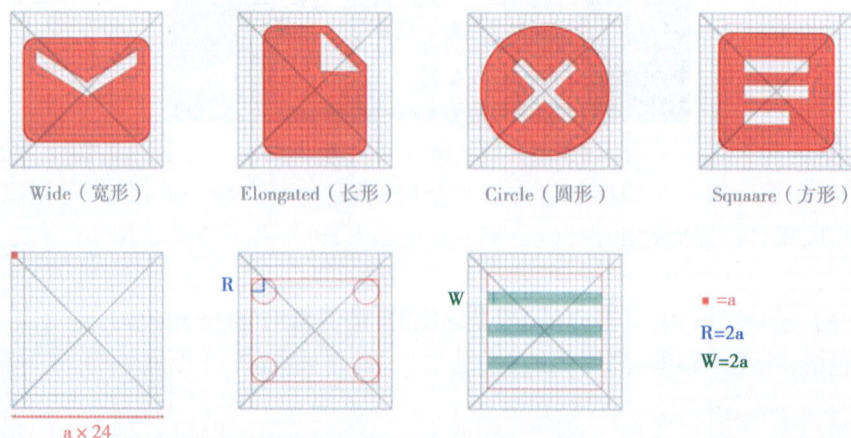

Wide（宽形）　　Elongated（长形）　　Circle（圆形）　　Squaare（方形）

$\cdot=a$
$R=2a$
$W=2a$

$a \times 24$

图标过大会占用界面空间过多,过小又会降低精细度,具体该使用多大尺寸的图标,常常根据界面的需求而定。

图标的常用格式有几种：PNG，GIF，JPG，ICO。

6. 创意方法归纳

图标的创意方法就是视觉表现各要素，通过艺术化的方式将大量枯燥的数据进行转换，减轻用户阅读的负担，为阅读信息的过程营造了一种美的享受。

（1）文字

文字在图标创意中常用作标题，或者以标注的形式出现，对图形所传达的意义进一步补充说明，从而使信息传达更详细准确。在某些情况下，文字可以成为图标创意中主要的视觉要素来传达信息。图标创意中，所有的信息将出现在有限的空间内，因此文字大小、间隔、位置、字体和虚实都直接影响着用户对图标的了解，且文字的形式变化与其所关联的客观信息有着密切的联系。

（2）数字

数字在图标创意中常表示与主题相关的数据、数量和时间。它为信息增添了强有力的说服力、准确性和真实性，而且非常清晰地表明层级关系和先后关系。当表示数量时，着重强调不同事物量的统计与对比；数字也用来表示时间，以描述事物的发展过程和先后顺序。

（3）图形

图标创意中图形常常占据主要的位置，用户通过图形了解其主题内容。因此其表达必须明确易懂，使之成为自身与用户共同认知的符号来实现它的"所指"，从而达到有效传达信息的目的。另外，图形的表现手法也是多样化的，有写实、装饰性、线描、水晶效果、扁平化等。

（4）色彩

图标中的色彩除了向用户传达情感以外，更强调其语义特征，表示一些不易传达的抽象概念，减轻了文字和图形对图标信息传达的荷载。图标创意可以通过提高色彩的纯度来强调需要受众注意的内容，从而使信息内容更加清晰醒目，并且层级关系也更加清晰；反之，相对次要的信息则可以将色彩纯度或明度降低。

（5）空间

运用空间构成的视觉表现手法进行创意,则是指运用二维手法表达出三维空间感。通过对各类视觉元素进行现实空间化的艺术处理,较自然地营造出厚重、深远等视觉效果,让图标在界面中更加醒目突出,一目了然。

（6）抽象符号

图标创意中需要运用抽象的点线面来传递具体的信息,这就需要根据信息的客观内容来约束点线面的形式变化。常见的抽象符号的用途主要有以下几点:第一,表示时间或距离,线段的长短可以直观地表示出时间和距离的长短、远近;第二,事物状态的变化;第三,表达情感。不同的抽象图形会带给人不同的心理感受。例如:曲线会使人感到挫折、困难,点的疏密也可以使人联想到虚实、存在与消逝等。

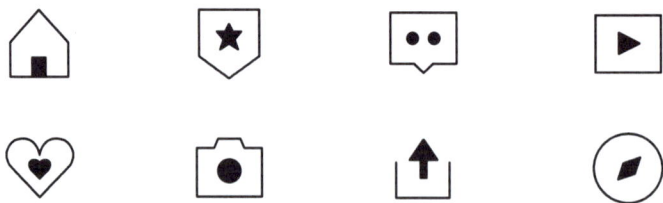

（7）光源

光源是一个特别有用的技巧,可根据需要自行调节。

【活动实施】

用一些简单的平面符号或者图形来设计图标,使整个界面看起来协调。

活动2:利用创意技巧与规范

【活动背景】

新闻策划广义上可以包括公关策划、广告策划、经营策划、竞争策划。华中科技大学孙旭培教授认为"新闻策划只能限定在新闻报道的策划,不要将媒介的经营管理活动拉进来,更不能搞策划事实",中国人民大学周建明教授认为"新闻策划包含两部分内容——对媒体本身的策划和对媒体内容的策划,前者包括市场定位、受众对象经销策略等;后者包括专版时段的策划、栏目的策划、具体报道的策划"。

【课前引入】

本书认为,网络新闻策划重点应落在对新闻报道的策划上,至于网站的定位设计与策划将另行阐述。所谓网络新闻报道策划,是指策划主体为了达到预期目标,整合相关资源,由趋利性的一种思维到执行的过程。其三个运作要素为策划主体、策划客体、策划环境。由此出发,网络新闻报道策划就要注意以下几个问题:首先,策划主体是网站管理者、网络编辑与网络记者;其次,策划客体是发生在周围的大大小小的事件,这里强调的是,策划主体对客体的选择应当有个标准,不能什么都去策划,要选择具有新闻价值的事件进行策划;最后,策划环境是指与所报道事件有关的宏观和微观环境的因素。

【知识窗】

1.创意的重要技巧

(1)练习草图

手绘示意图的能力是再重要不过的了,很多布局和页面图像都是从信息框架开始。只需要有简单的铅笔和纸就可以记下所有的想法。

（2）利用透视法

制作图标需要暂时走出条条框框并只考虑自己希望作品看起来是什么样的,最终产生一个独特的、格式化的图标,它可能是空间的或者包含突出和阴影的。考虑用户会如何观察图像的边界。不管是从创作者还是从用户的角度,图标应该给人以什么样的感觉是非常重要的,尝试避免使用过度复杂的形状,否则可能会扭曲最终的效果或产生混乱。

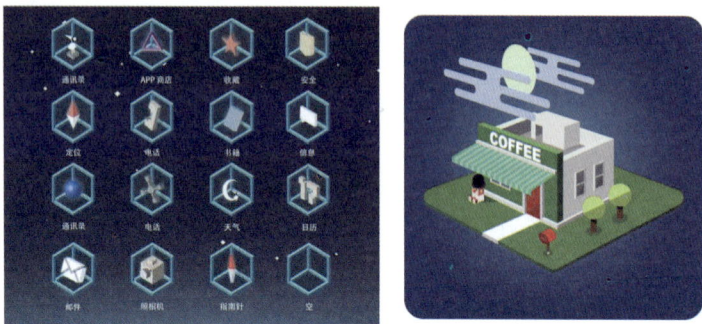

简而言之,如果需要一个信封用于邮箱图标,那就简单创建一个信封,确保它非常明显且当放在文字边上或在浏览器内部时它很突出,并不需要全力去追求太多的特效。图标已经成为所有出色界面的标记,延续"简单明了"这一强大的立足点是非常重要的。

（3）避免使用文本

一般来说,在图标创意中放置文字或字母是很大的禁忌,通常会引起多方面的问题,而最大的问题就是调整尺寸。如果用清晰的文字创建一个512×512像素的图标,它可能会达到极限,这时调整尺寸就行不通了。这限制了品牌效果的发挥,并且对于较小像素的图标需要重新创意。更需要注意的是要避免使用小短语或副标题,因为在大多数转换操作之下,它很难完整保存下来。因此可以试用首字母缩略词或者缩写代替。

（4）保留重要元素

图标应该是轻松被识别的,易读性很高,构建它的元素要越少越好。图标创意的相关性不该是复杂的,应省略掉相同的对象,凸显出重要的信息。

（5）优化处理（反锯齿处理）

下图形象地说明了图标像素边沿化的问题,左边的图标比较清晰,右边的比较模糊。应对图标进行优化处理,使其足够清晰。

（6）去多稳造型,边沿移到位

在做icon时很容易出现一些常见的毛边,导致像素过渡化,最后圆角不柔和。如何处理不柔和的圆角？在由大icon到小icon的过程中要重视一些细节的处理。

去多稳造型:从大icon到小icon的过程是由细节的减少开始变化,大icon比较注重质感和光泽等,小icon除了保证质感还要清晰。在做16像素icon时可以减少一些非必要的元素用像素点去代替,去掉多余的阴影与高光。

边沿移到位:小icon的边沿移位主要靠移动像素点或增加像素点来实现。

2. 创意的基本规范

图标样式特性的基本规范：

①色彩丰富，是对外观的补充。

②不同的角度和透视特性为图像增添动态活力。

③元素的边角十分柔和，并略微有些圆滑。

④光源位于图标的左上角，同时有环绕光照亮图标的其他部分。

⑤渐变效果使图标具有立体感，进而使图标的外观更加丰满。

⑥投影使图标更具对比度和立体感。

⑦添加轮廓可使图像更清晰。

⑧日常对象(如计算机和设备)具有更现代化的个性外观。

3. 图标尺寸

图标可以有多种尺寸，但是真正适合 BS 架构管理系统界面使用的，一般有以下 3 种：

①16×16 像素，通常应用于二级工具栏。

②24×24 像素，通常用于一级工具栏。

③32×32 像素，通常应用于一级工具栏和主菜单。

4. 图标格式

图标的常用格式有以下几种：PNG，GIF，JPG，ICO，ICNS。

PNG：无损压缩格式，支持透明，兼顾图像质量和文件大小，但是请注意，PNG 格式在网页中，IE6.0 或者之前的所有版本不支持透明和半透明。

GIF：网页图片常用格式，支持透明，优点是压缩的文件小，支持 GIF 动画，缺点是不支持半透明，颜色数最多只能显示 256 种，透明图标的边缘会有锯齿。要解决此问题，必须在存成此格式的时候添加相同背景色的杂边，比较麻烦。

JPG：有损压缩，优点是文件小，图像颜色丰富，缺点是不支持透明和半透明。

ICO：Windows 系统的图标文件格式，支持多通道透明，支持 32 位真彩色。可以用 ICON Workshop 软件把 PNG，GIF，JPG 等格式的图标转换成 ICO 格式。

ICNS：Macintonsh 系统独特支持的格式，仅限于此系统。

5. 图标色彩深度支持

Windows 7 支持 32 位图标。32 位图标为 24 位图像加上 8 位 alpha 通道，使图标边缘非常平滑且与背景相融合。每个 Windows 7 图标应包含以下 3 种色彩深度，以支持不同的显示器显示设置：24 位图像加上 8 位 alpha 通道(32 位)；8 位图像(256 色)加上 1 位透明色；4 位图像(16 色)加上 1 位透明色。

6. 调色板

图标中使用的主要颜色，在制作软件界面中可供选择。

7. 对象的角度和分组

样式图标使用的透视网格，并非所有对象使用 16×16 的复杂图像都能获得较好效果。某些对象通常以直观图像显示，如文档图标、符号图标(如警告或信息图标)、单一对象图标(如放大镜）。除非创建重叠辅助对象可以更清楚地表达图标的含义，否则就可读性和完整性而言，还是应使用直观图像。此外还应考虑如何按组查看图标，以便确定如何将对象分组。

8. 投影

使用投影后，图标将更清晰且更具立体感。

9. 轮廓

绘制样式图标时，为图像添加轮廓可使之更清晰，并可保证图像在不同背景色上都具有较好的效果。

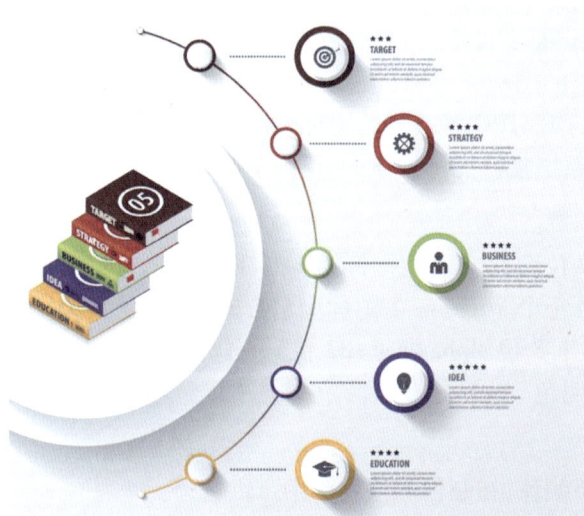

10. 概念

创意图标时应考虑使用已有概念以确保真实表达用户的想法，考虑图标在用户界面环境中以何种形式出现,以及如何作为图标集的一部分使用。避免在图标中使用字母、单词、具体人物的手或脸。必须用图标表示人或用户时,尽可能使其大众化。如果图标中的图像由多个对象组成,应考虑如何使图像尺寸更小。

11. 创建工具栏

工具栏图标除不使用投影之外,使用的样式与其他图标相同。由于工具栏图标非常小,建议使用简单的图像。如果以直观方式显示图像即可清晰地表达图标的含义,则不必使用其他复杂方式。

12. 创建 AVI

创建 AVI 文件的过程与创建图标的过程相同。在 Photoshop 中准备图像,然后将其拖动到 GMG 中。按以下指导创建 8 位图标。若要使用 GMG 保存 AVI,请转至 File->Export As->AVI file。创建 AVI 文件时,须考虑使用品红(R255 G0 B255)作为背景透明色。在 Photoshop 中,重要的一点是不要出现杂散像素。应将填充能力设置为 0,并确认未选中取消锯齿。

13. 信息图表下图标创意的制作步骤

图标的主要功能是表意,但在表意外还有装饰性及品牌性的功能需要考虑。装饰性是指图标的视觉效果能够带来品质感、美感;品牌性是指图标的风格应该与产品品牌特性保持一致。在信息架构的基础上,明确图标创意的趋势、定位以及各类需求。

在不同的需求下,表意、装饰性、品牌性的权重是不一样的。例如网页的 favicon,首先要考虑品牌性(与产品自身品牌形象保持一致),其次要考虑装饰性(针对不同平台及使用场景,需要提供多种尺寸以达到图片不虚化)。假设现在要画一个 SNS 网站功能菜单的 icon——私信和收藏。

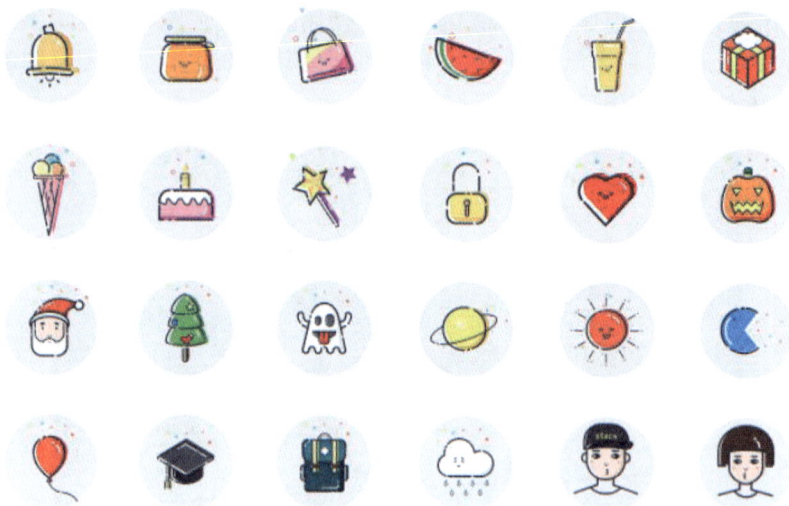

先看应用场景：

可以看到，在这里，表意更多依靠文字，图标主要是用来引导视线，增强视觉比重，辅助于文字的。同时一列图标会对网页的风格产生影响，应与网站风格保持一致。所以这里的图标，表意、装饰、品牌的权重差不多一致。

【活动实施】

可以挑选出某个合适的实物，以它作为原型开始绘制。

活动3：绘制草图并进行细节整合

【活动背景】

图标在日常生活中被广泛使用，软件和硬件、网页和社交场所无处不在。广义上，图标是具有参考意义的图形符号，具有高度浓缩、信息传递快、易于记忆等特点；狭义上，它是计算机程序中常见的应用，包括程序标识、数据标识、任务选择、模式信号或开关、状态指示等。如今图标被广泛使用，其价值显而易见。好的图标组可以直观地将描述的对象传递给用户，减轻用户的认知负担，特别是减少抽象的功能和意义。同时，增加图标的精致性，不仅可以提高整个界面的吸引力，还可以让用户对产品产生共鸣。

【课前引入】

在当前实时通信的制作中，编辑要充分发挥自己的创造力和想象力，运用小技巧，制作有趣的图形，在表现形式上有所突破。例如，福布斯全球10大公司的财务和经济图表往往枯燥僵硬，只是数字和文字的排名和组合。但这些福布斯全球10大公司往往具有鲜明的企业Logo和品牌标识，引入这些极具辨识度的Logo和财务、经济数据相结合进行呈现，给用户更加直观、形象的视觉冲击力。

【知识窗】

1. 信息图表设定，画草图

通过信息架构确定的创意方向进行大量草图创意、分析、头脑风暴。比如，要思考如何表达私信、收藏夹。根据要表达的内容，提炼出最具代表性的相关事物、图形、色彩等视觉元素。然后手绘大量草图表达自己的创意和想法。

私信　　　　　　　　　　　　　　信息

2. 细节整合

接下来用铅笔工具绘制细节，细节的程度根据需要决定。这里我们不准备把图标画得特别有质感，所以高光、反光相对不要太强烈，细节变化不用太多。

私信　　　　　　　　　信息

3. 输出及存储（输出文件到各个相应目录）

输出的时候要考虑之前提到的格式问题，尽量与前端沟通决定。网页中的图标通常使用CSS Sprite 方法，把图标放在一张图上以减少服务器请求。所以这里也要跟前端沟通，确定好图标排列的方式。

此外，在画一组图标时还需要考虑图标的视觉风格及视觉大小的一致性。

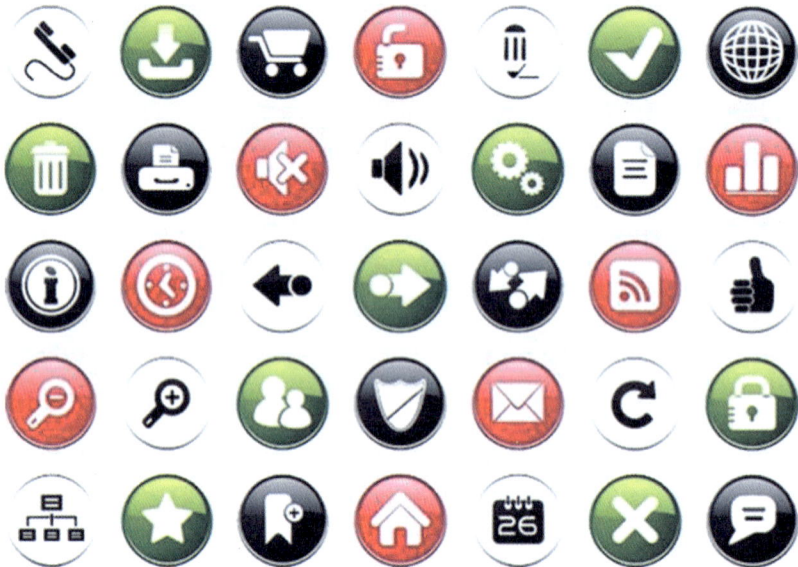

全部图标画完以后，要养成良好的存档习惯，确定更新的流程及负责人。

4. 制作时注意事项

（1）形象的一致性

直接关系到整套图标风格，事先把整套风格都完善是不可能的，应从一个做起，由第一个完成的图标的特点向其他图标延伸（单元元素的一致性和统一性）。

（2）形象的可识别性

表意一定要清晰、简单明了，遵循业界通用性（考虑图形的文化背景。避免在图标上使用字母、单词、具体人物的手或脸。必须用图标表示人或用户时，应尽可能使其大众化）。

（3）形象的简洁性

一定注意，我们不需要高深的画工，icon 的需求决定了我们的创意不可能包含过多的细节,烦琐的细节只会影响表意的直观性。

5. 信息图表下图标创意的训练及强化练习

①主题相关信息数据的收集与整理:确定主题后,进行大量信息的收集,并分类、筛选、整理。

②主题相关的信息架构分析-信息图表呈现:对通过整理后的有效信息进行主题信息架构的梳理和设定,将其用信息图表的方式呈现出来。如下图所示:

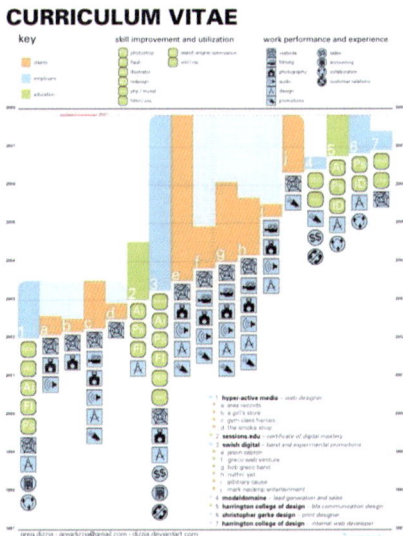

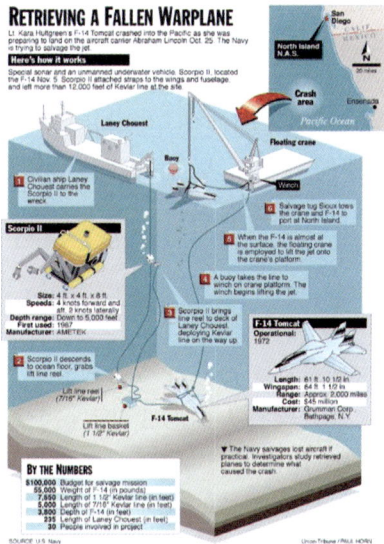

【活动实施】

分成多个小组,每组3~4人。每组分别从确定的主题信息架构下,从不同的信息点出发进行主题图标思维发散训练,形成整套图标的前期具体概念创意。

要求:

①手绘描绘对象,方法可由局部到整体,或由整体到局部(在课堂上构画方案草图,数量10个,从中选择优秀的5个课后进行精细描绘,电脑绘制)。

②尝试使用不同工具进行多样化的图标表现(每组1套,12个/套)。

活动4：AI/PS 创意图标计算机整套初稿制作

【活动背景】

PS 与 AI 可以打造出不一样的效果。AI 造型、PS 效果灵活运用可以让图标既有 AI 图标的简洁干净，又不乏 PS 制作的效果。因为 AI 是矢量的，同时也能保证图标在某些用处的时候能够灵活地放大与缩小而不损失太多的效果，同样简洁干净的图标也是商业运用的首选。

【课前引入】

往往一个图标要表达一定的含义就必须组合不同的形态，借助单个形态所传达的内在信息，拼合在一起去传达另外一种信息。例如在设计"导航"功能图标时，通常第一反应是与卫星有关，但就以单个卫星的外形来传达导航的含义恐怕不够，于是再联想与导航有关的信息图示，"坐标""旗帜""陆地"等。再经过设计师以视觉平衡原理合理地布置其主次、空间关系。要注意的是，不可随便使用其与要表达功能相关的图形或物体，要经过精心挑选，最好是大家熟悉、易记的物或形，毕竟设计的目的是要帮助用户更形象地理解计算机程序的内在功能含义，以易记、易懂为前提。

【知识窗】

整套图标的系列表现及综合表现有如下几种形式：
①系列表现及综合表现形式：图标通常以系列的方式出现，那么在创意图标的时候，既要考虑图标的美感、用户的体验，还要考虑图标的统一性、系列的表现方式，以及综合考虑表现形式。让其图标形成产品的统一特征，给用户以信赖感，便于功能的记忆。
②连续性的视觉表达：连续性的视觉表达，最主要的是增加用户的记忆力。
③选择不同的侧重点分别描述：有些重点描述，有些轻描淡写，不能所有的都是重头戏，可以从表现手法、概念等方面来实现。
④界面视觉化的深入表现：视觉是当今时代的流行术语，相对于界面视觉，应综合考虑用户的体验，选择合适的表现形式、精细的表达方式。

【活动实施】

系列图标创意成套训练——将确定好的主题图标系列化、综合表现化。要求：
①各元素形似或意象。
②保持图标的可辨识性，并具有一定的内涵和创新性。
③形成系列图标。

④界面视觉化的深入运用。

提交方式:在课堂上构画系列,数量不少于 4 套(40 个),从中选择优秀的 2 组课后进行精细描绘。

结合前面学习的内容,运用综合材料表现主题图标,形成手持设备(如手机、平板电脑、游戏机等)主题图标界面可视化展示。

项目二考核评价

表一　专业能力考核表

项目二:信息图表下图标创意的技巧与步骤		日期:　　年　　月　　日				考评员签字:			
姓名:		学号:				班级:			
针对某一新闻 App 进行图标创意制作	是否达到可识别性原则	是否达到差异性原则	是否达到风格统一性原则	是否有合适的精细度/元素个数	练习PS/AI	练习草图	利用透视法	避免使用文本	保留重要元素
	□是 □无	□是 □无	□是 □无	□是 □无					
在充分了解、分析上述工作任务的基础上,对 5 个问题作出有针对性的安排,并从中任意抽取 1 题,作详细陈述	①创意制作前应该做哪些定义? ②具体的创意方法有哪些?请列举出来。 ③图标创意的基本规范分成几类?样式特性为什么这么重要? ④制作时图标的尺寸和格式该如何设定? ⑤信息图表下图标创意的制作步骤有哪些?								
实训系列图标创意制作	绘制草图并进行细节整合	输出及存储	AI/PS图标创意电脑整套初稿制作	系列表现及综合表现形式	连续性的视觉表述	选择不同的侧重点分别描述	选择不同的侧重点分别描述		
	□完成 □无	□完成 □无	□完成 □无	□完成 □无	□完成 □无	□完成 □无	□完成 □无		

表二　评价考核评分表

评分项	内容	分值	自评	互评	师评
职业素养考核(40%)	积极主动参加考核测试教学活动	10 分			
	团队合作能力	10 分			
	交流沟通协调能力	10 分			
	遵守纪律,能够自我约束和管理	10 分			

续表

评分项	内容	分值	自评	互评	师评
专业能力考核(60%)	针对某一新闻 App 进行图标创意制作	20 分			
	在充分了解、分析上述工作任务的基础上,对 5 个问题作出有针对性的安排,并从中任意抽取 1 题,作详细陈述	20 分			
	实训系列图标创意制作	20 分			
得分合计					
总评	自评(20%)+互评(20%)+师评(60%)=	综合等级	教师(签名):		

项目三　信息图表引导网络新闻的创意图标制作

【项目综述】

关于本书所有的内容学习最终都是为了落实到实际创意制作中,同时实践也是验证对所学知识掌握能力的最佳方式。在此项目学习安排过程中,将从关于计算机制作创意图标的原则以及要素学起,培养对多种风格创意图标的制作能力,真正地将所学知识应用到实践中。

【项目目标】

通过本项目的学习,应达到的具体目标如下:
(1)知识目标
◇认识图标的通用性、便利性、高效性
◇掌握计算机制作创意图标的原则
◇掌握计算机制作创意图标的要素
(2)技能目标
◇学会制作扁平化风格创意图标
◇学会制作水晶质感创意图标
◇学会制作透明质感创意图标
(3)思政和素养目标
◇培养学生审美素养
◇培养学生创新意识

【项目思维导图】

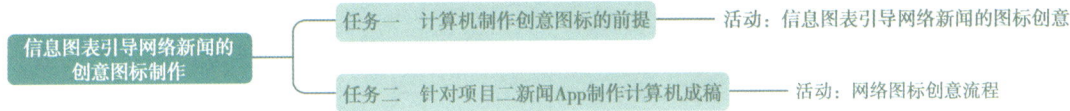

```
                            任务一　计算机制作创意图标的前提 ——— 活动：信息图表引导网络新闻的图标创意
信息图表引导网络新闻的
创意图标制作
                            任务二　针对项目二新闻App制作计算机成稿 ——— 活动：网络图标创意流程
```

任务一　计算机制作创意图标的前提

计算机制作创意图标的前提

【情景设计】

通过前面的学习,基本上已经掌握了关于图标创意的各项知识与技巧,本任务将所学知识真正应用到实践中,尝试用计算机制作创意图标。

【任务分解】

认识图标的通用性、便利性、高效性,掌握计算机制作创意图标的原则,掌握计算机制作创意图标的要素。

活动:信息图表引导网络新闻的图标创意

【课堂引入】

不同的材料总是给人以不同的感受,材料的感觉特性又称为材料质感,是人的感觉系统因生理刺激对材料做出的生理和心理反应,是人通过知觉系统从材料表面特征得出的信息及对材料产生的综合印象。如下图为运用钢笔素描材质感进行图标创意的视觉表现。

目前社会上已经把图标创意提高到了一个前所未有的高度,不但强调示意性,还强调主题文化和品牌识别,图标识别作为视觉识别系统当中的一部分,也成为越来越重要的新的分支。

149

【知识窗】

1. 认识图标信息传递的高效性、通用性、便利性

由于图标具有高度浓缩并快速传达信息、便于记忆的特性,将其应用到相关页面创意呈现中,能够清晰地让用户理解图标所代表的含义,一定程度上降低了记忆负荷,即图标的高效性。虽然受各类文化的影响,人们对某一图标的理解存在差异,但是以图形为主的图标仍然比文字更加通用。例如常见的对电话、网页、计算、时钟、音乐、游戏等各类图标的使用,都源于图标的通用性。而便利性则是因为图标能够以明示或隐喻的方式传达其所表现的含义,省去了复杂的文字描述。而通过图标进行大小规格的统一,能够使所展示的画面更加具有格局感。

2. 图标的种类

图标在分类上主要分为启动图标和工具栏图标。启动图标顾名思义是指通过点击某个图标打开产品或网页,这类图标主要是产品的象征符号;工具栏图标则是对详细化信息进行传达的、有着解说和装饰功能的图标。例如在某新闻网站看到"放大镜"标志,能够让人清晰读懂该图标提示的是网页信息上的搜索功能。

如果按照表现手法进行划分,还可以将图片划分为拟物化图标和扁平化图标。通过字面意思也很容易理解,拟物化图片就是通过图标清晰地展现实物的样貌,使用户一眼就能看懂

信息所表达的含义。扁平化图标就是通过抽象、简单、符号化的创意来呈现内容,所呈现出的往往是光滑的界面、现代感十足的创意,但仍然能够让人简单清晰地看出所要表达的内容。

3. 网络新闻图标创意原则与制作流程

(1)易用性原则

网络宣传图标的创作原则必须遵循易用性原则,即要保障所创意出图标的可行性,适用于读者的视觉规律及交互习惯。

(2)逻辑性原则

逻辑性原则体现的是产品的交互思维,因为这关联到用户的操作体验。所应用的图标能够让用户真正联想到所要表达的内容,才符合逻辑。

(3)情感性原则

情感性原则不是图标应用过程的必要原则,但在当前激烈的行业竞争中,利用情感性原则设计的图标,可能会引起用户的共鸣,更加吸引用户注意,用户获得了良好的浏览体验,则更愿意在该平台获取信息。

(4)直观性原则

图标创意本就是为直观表达重点信息所呈现出的,因此在创意时也要遵循直观性原则,避免太过花哨,而加大用户与信息之间的交互距离。

(5)美观性原则

追求美是人与生俱来的需求,在进行图标创意制作时,所生产出图标的美观性与功能性

151

有着同等重要的作用,如果所呈现出的图标让人产生恐惧或排斥感,则直接影响着图标的应用。

4. 网络新闻图标创意要素

（1）形态表现

形态表现是塑造图标形象的重要内容,所谓"形"是指图标的物质形体,即图标外形;"态"则是指图标外观所表现的内容。形态是信息的载体,利用图标特有的形态向外界传达所要表达的思想和理念,是网络新闻图标创意过程中的基础。

（2）色彩呈现

色彩是抽象化的语言,也是影响视觉审美的首要要素。基于人类对色彩有着强烈直接的感知,可以说色彩呈现对人们在社会生产生活中具有十分重要的识别功能,所以在网络新闻图表创意中应着重考虑色彩的选择。

（3）材质创意

在网络新闻图标创意中,材质直接影响着人们所感知到的信息的质感,其外部所呈现出来的纹理以及视觉要素都能够直观表达信息的形象。在进行与相关事物连接的图标创意时,通过材质的创意来作为图标创意的依据,更容易生动形象地展示出图标的含义。

【活动实施】

进行图标思维发散训练、界面图标的临摹训练。

任务二　针对项目二新闻 App 制作计算机成稿

针对项目二新闻 App 制作计算机成稿

【活动背景】

在本模块的项目二中,通过策划以及草图绘制的方式有了关于新闻 App 的一些想法,本项目将层层递进,将所学知识落实到计算机制作中,生成一份由个人亲手制作的新闻 App 图标创意。

【任务分解】

学习网络图标创意流程,用所学知识结合个人创新制作各式创意图标。

活动:网络图标创意流程

【活动背景】

图标通过不断地运用和传播把所要表达的产品的思想理念、服务宗旨和特征传达出去,加深人们的印象。图标设计本身非常具有艺术性和价值,它在网页设计中具有重要地位。

【课堂引入】

如果说全面学习各项专业知识是为了构建个人关于此门课程学习的扎实基础,那本任务可以称得上是满满干货,真正从技巧开始学起,更加全面地掌握网络图标创意的流程。

【知识窗】

1.图标创意策划

在对网络图标进行创意时,首先需要通过风格测评来明确所制作的图标要走什么样的风格路线,结合用户的界面需求以及相关图表所要表达的内容来进行图标创意的策划。

2.绘制图标草图

在有了基本的想法之后,通过绘制图标草图的方式来检验视觉关系,也能省去在创意软件上进行图标绘制的时间。在进行图标草图绘制时首先要做到透视统一,然后再进行细节的添加。

【活动实施】

实践一：制作一套新闻类扁平化风格的图标。
实践二：制作一套新闻类水晶质感微信图标。
实践三：制作一套新闻类透明质感 App 图标。

项目三考核评价

表一 专业能力考核表

项目三：信息图表引导网络新闻的创意图标制作		日期： 年 月 日				考评员签字：			
姓名：		学号：				班级：			
计算机制作创意图标的前提	高效性	通用性	便利性	易用性	逻辑性	情感性	直观性	美观性	统一性
熟悉网络新闻图标创意要素，并详细陈述	①塑造图标形象的重要内容是什么？②色彩呈现的具体实施手段是什么？请举例说明。③如何在新闻图标创意时选择合适的材质表现？								
针对闻 App 制作计算机成稿	制作扁平化风格图标	制作水晶质感微信图标	制作透明质感 App 图标	—	—	—	—	—	—
	制作软件在图标中如何选择？如何应用？								

表二 评价考核评分表

评分项	内容	分值	自评	互评	师评
职业素养考核（40%）	积极主动参加考核测试教学活动	10 分			
	团队合作能力	10 分			
	交流沟通协调能力	10 分			
	遵守纪律，能够自我约束和管理	10 分			
专业能力考核（60%）	图标创意电脑制作的前提	20 分			
	熟悉网络新闻图标创意要素，并详细陈述	20 分			
	针对新闻 App 制作电脑成稿	20 分			
得分合计					
总评	自评（20%）+互评（20%）+师评（60%）=	综合等级		教师（签名）：	

项目四　利用信息图表激发图标创新实践

【项目综述】

学习网络信息架构与图标创意课程的目的是掌握更多关于网络新闻媒体行业从业的知识与技巧,如何在无数行业从业者中脱颖而出,具备创新实践精神及能力尤为重要。

【项目目标】

通过本项目的学习,应达到的具体目标如下:
(1)知识目标
◇了解整合图标创意知识
◇了解界面视觉表现强化知识
◇了解图标创意的内涵与创新方向
(2)技能目标
◇培养图标创造性思维
◇创意图标优化能力
(3)思政和素养目标
◇培养审美能力
◇提升创意能力

【项目思维导图】

利用信息图表激发图标创新实践————任务　对上述多款创意图标进行再次优化————活动:图标创意的内涵与创新

任务　对上述多款创意图标进行再次优化

【情景设计】

对上述多款创意图标进行再次优化

学习本项目时相当于已经进入了课程的尾声,相较于刚刚接触网络信息架构知识的你,现在的你已经具备了网络信息架构与图标创意丰富的知识。在同学们的陪伴下,小丁同学也完成了关于网络信息架构与图标创意课程的学习,希望小丁同学在学习完本项目内容之后能够顺利考到自己想要的资格证书,和你一样,都有光明的未来。

【任务分解】

加入创造性思维、体现整合图标创意、进行界面视觉表现强化、讲解图标创意的内涵与创新对上述多款创意图标进行再次优化。

活动：图标创意的内涵与创新

【活动背景】

每个人在网络中可以接触到成千上万的电子图标。因此，每位设计师在对图标进行构思设计的时候，都需要仔细思考图标的色彩取向、结构类型，并明确图标本身所要表达的内涵，使图标具有极强的代表性，能在众多图标中脱颖而出，达到让人印象深刻的效果。

【课堂引入】

互联网是不断发展的，生活在互联网时代的人们对于网络信息的浏览需求和使用体验也将不断随着时间的变化而变化，无论是在本节课程上还是课程之余，我们都应该不断学习关于优化图标创意的相关知识，提升专业能力，才能顺应时代潮流，成为行业中的佼佼者。

【知识窗】

1. 信息架构与抽象思维

抽象思维又称为逻辑思维，即对事物进行由表及里、由现象到本质的认知，在这过程中需要涉及概念判断、推理等思维形式和比较分析、综合抽象概括的方法，主要应用于信息图表创意的前期过程。因为在进行创意之前，需要对所要进行展示的信息进行分析，即进行信息架构。利用抽象思维所进行的信息架构，对信息图表后期的创意有着重要的作用，为后期创意打下了坚实基础。

2. 信息图表创意与形象思维

形象思维是指以具体的图形来展开联想，以图像的相似性、相关性为创意起点，有着感性、发散性的特点，也称为"艺术思维"。在进行信息图表创意时，往往需要通过信息架构进行基础信息的分析。对信息图表内容的展示，则需依靠图片符号来进行，而关于图形的选择、图形间的关系都与形象思维有着密切关联。

3. 信息图表下的整合图标创意

（1）强化逻辑思维

逻辑思维具有普遍性、严密性、稳定性、层次性的特征，逻辑思维对创新目标的实现有引导和调控作用。创新结果的正确与否需要通过逻辑推理检验，逻辑思维可以直接产生创新成果,而创新成果的推广应用也需要逻辑思维。

（2）创意趣味图形

图形是一种特殊的视觉化、传递信息的语言符号,属于艺术形态,是意识和艺术、技术的组合,是艺术的再生形态,图形体现强烈的艺术创造性和表现力,能够以幽默、夸张的表现形式,创造强烈的视觉冲击力来吸引用户,达到传递信息的目的。将趣味性表现运用到图标创意课程之中,能够更好地发挥创造性思维的作用。

（3）增添信息图表

信息图表中最基本的要素就是需要进行视觉化表达的各种数据、信息和知识等。以数据为例,创作者通常会使用已有的软件生成线条、色块、箭头以及各种符号标记等要素对数据进行表达,有时还需要使用简单直接的文字语言对图形化的信息进行注解,包括柱形图、条形图、饼图、折线图、XY 散点图、面积图、圆环图、雷达图、曲线图、气泡图、股价图、圆锥图、圆柱图或棱锥图等。

4. 信息图表下的界面视觉表现

（1）色彩强化

"视觉信息的传播过程,按照给予人的强弱效应,依次为形状→色彩→表情→动态→环境→印象"。色彩是快速吸引用户目光的重要因素,也是用户识别与记忆产品及品牌的重要内容。

（2）界面陈列

除色彩外，界面陈列的视觉效果有助于图标脱颖而出。可以尝试多种组合的整体化或故事化排列，形成图标特有的展示效果。

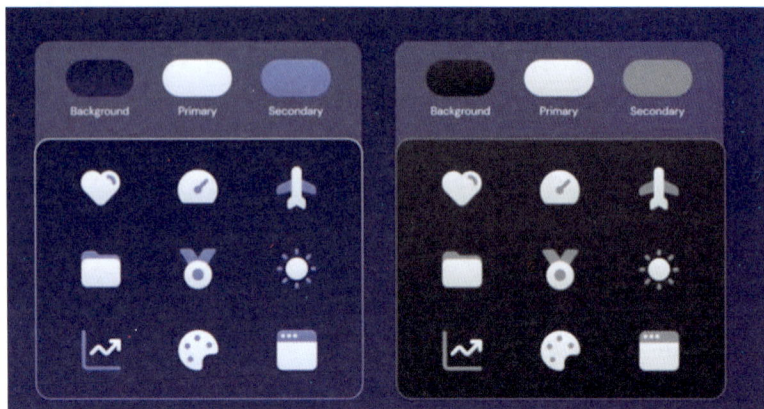

（3）信息图表下图标创意的概念创新

图标总体来说使用周期短、更换快，用户的体验感低。因此，在保证信息架构准确的前提下，文化与概念创新有利于保持用户的新鲜感，有利于产品的市场推广，有利于提高品牌的知名度，并且能与用户建立持久的情感联系。

推出节日图标创意是信息架构下的概念创新方法之一，如在春节、中秋节等氛围浓郁的中国传统节日前后，通过图标创意以及图标可视化活动推广营造情境，叙述故事，创造能与用户精神层面产生共鸣的情境。

【活动实施】

选择 5 款常用的手机 App，为其制作春节、植树节两种主题的图标创意。

项目四考核评价

表一　专业能力考核表

项目四:利用信息图表激发图标创新实践	日期: 年 月 日				考评员签字:			
姓名:	学号:				班级:			
信息架构与抽象思维	①信息架构与抽象思维的内在联系是什么? ②抽象思维的定义是什么? 请陈述。 ③如何利用抽象思维完成信息图表中的信息架构?							
信息图表创意与形象思维	①信息架构与形象思维的内在联系是什么? ②形象思维的定义是什么? 请陈述。 ③如何有效地利用形象思维完成信息图表?							
信息图表下的整合图标创意	强化逻辑思维	创意趣味图形	增添信息图表	—	—	—	—	—
	□完成 □否	□完成 □否	□完成 □否	—	—	—	—	—
信息图表下的界面视觉表现	①信息架构与形象思维的内在联系是什么? ②形象思维的定义是什么? 请陈述。 ③如何有效地利用形象思维完成信息图表?							

表二　评价考核评分表

评分项	内容	分值	自评	互评	师评
职业素养考核(40%)	积极主动参加考核测试教学活动	10 分			
	团队合作能力	10 分			
	交流沟通协调能力	10 分			
	遵守纪律,能够自我约束和管理	10 分			
专业能力考核(60%)	信息架构与抽象思维	10 分			
	信息图表创意与形象思维	10 分			
	信息图表下的整合图标创意	20 分			
	信息图表下的界面视觉表现	20 分			
得分合计					
总评	自评(20%)+互评(20%)+师评(60%)=	综合等级	教师(签名):		

159

参考文献

［1］彭兰.网络传播概论［M］.4 版.北京：中国人民大学出版社,2017.

［2］克劳斯·布鲁恩·延森.媒介融合：网络传播、大众传播和人际传播的三重维度［M］.刘君,译.上海：复旦大学出版社,2012.

［3］汪春霆.天地一体化信息网络架构与技术［M］.北京：人民邮电出版社,2021.

［4］罗森菲尔德,莫尔维莱,豪尔赫.信息架构超越 Web 设计［M］.4 版.樊旺斌,师蓉,译.北京：电子工业出版社,2016.

［5］任勇,姜春晓,杜军.空间信息网络体系架构及其应用［M］.北京：人民邮电出版社,2019.

［6］王建民.信息架构设计［M］.广州：中山大学出版社,2017.

［7］廖宏勇.新媒体信息架构设计［M］.西安：西安交通大学出版社,2017.

［8］E.莫洛根.信息架构学：21 世纪的专业［M］.詹青龙,吴战杰,郭桂英,译.上海：华东师范大学出版社,2008.

［9］李道源,崔宏伟,张旭军.图标 ICON 设计与制作［M］.2 版.武汉：华中科技大学出版社,2022.

［10］童元园.UI 图标创意设计［M］.北京：人民邮电出版社,2019.

［11］汪兰川,刘春雷.UI 图标设计与制作［M］.3 版.北京：人民邮电出版社,2021.